Flores

a ganchillo

Flores

a ganchillo

APRENDA A TEJER 30 DELICADAS FLORES

EMMA VARNAM

Librero

Contenido

72

Helleborus

Eléboro

96

Viola tricolor

Pensamiento silvestre

120

Lathyrus odoratus

Guisante de olor

76

Hyacinthus orientalis

Jacinto

100

Primula vulgares

Flor de san José

124

Cirsium vulgare

Cardo

80

Papaver nudicaule

Amapola de Islandia

104

Rosa

Rosa

128

Tulipa

Tulipán

84

Lavandula angustifolia

Lavanda

108

Galanthus

Campanilla de invierno

132

Viola

Violeta

88

Convallaria majalis

Muguete

112

Xerochrysum bracteatum

Siempreviva

92

Calendula officinalis

Caléndula

116

Helianthus

Girasol

Introducción

Ya de niña sentía un amor especial por las flores. Cuando en primaria me pidieron que escogiera un libro para un premio de final de curso, elegí uno con ilustraciones de flores silvestres. ¡Era una niña bien peculiar! Durante la adolescencia, los sábados trabajaba en una tienda de flores secas. ¡Me encantaba!

Desde que aprendí a hacer ganchillo, me fascina ver cómo podemos utilizar una simple aguja de ganchillo e hilo para crear objetos fabulosos. Mientras escribía mi primer libro de tejer plantas, *Crocheted Succulents*, nunca imaginé lo mucho que estos pequeños proyectos me divertirían y llenarían, tanto a mí como a mis amigos del grupo de manualidades.

Tras la publicación de *Plantas de interior a ganchillo*, empecé a ver una amplia gama de cintas, yucas y costillas de Adán en perfiles de redes sociales de tejedores de ganchillo, incluidos los de algunas estrellas de Hollywood bastante conocidas. Al igual que yo, mucha gente ha mostrado sus plantas «reales» junto con sus creaciones hechas a ganchillo, sobre todo cactus de lana camuflados entre otros auténticos.

No obstante, lo que más adoro de los jardines son las flores. Nunca seré una jardinera extraordinaria, pero me apasiona cultivar plantas y me hace muy feliz todo el color que dan a nuestro pequeño espacio exterior. En este libro he tratado de crear patrones para tejer flores muy realistas. Me encantan mis dalias, pensamientos y rosas, así que me he inspirado en las flores de mi propio jardín.

Para obtener la textura y el tono apropiados de cada especie, hay que utilizar una gran variedad de hilos. Como las flores y los tallos de ganchillo no desafían la gravedad, en algunos casos he reforzado el tallo con alambre.

Puede que su intención sea tejer flores para decorar su hogar, pero también puede coserlas a una cinta y crear una diadema de flores o adherirlas a una corona. Lo más importante es que deje volar su imaginación y se divierta.

DE IZQUIERDA A DERECHA:

ROSA SILVESTRE, PÁGINA 56

COSMOS, PÁGINA 32

AMAPOLA DE ISLANDIA, PÁGINA 80

DE IZQUIERDA A DERECHA:

ROSA, 104

TULIPÁN, 128

GERBERA, PÁGINA 68

DALIA, PÁGINA 44

Anemone coronaria

Anémona

Estas flores son un alegre heraldo de la primavera. Como no son fáciles de cultivar en el jardín, esta versión a ganchillo puede ser un precioso y duradero regalo para cualquier persona que necesite un ramo de flores.

TAMAÑO FINAL

La flor mide unos 5 cm de ancho.

NECESITARÁ

- Catona de Scheepjes, 100 % algodón mercerizado (25 m por ovillo de 10 g):
  1 ovillo de color 173 Bluebell (A)
  1 ovillo de color 164 Light Navy (B)
- Snuggly Replay de Sirdar, hilo ligero (DK), 50 % acrílico y 50 % algodón (150 m por ovillo de 50 g):
  Pequeñas cantidades de los colores 129 Blast-off Blue (C) y 124 Go Faster Green (D)
  Para hacer las otras anémonas, sustituya el color C por 100 Whizz Kid White o 116 Race Car Red
- Aguja de ganchillo de 2,5 mm
- Aguja de ganchillo de 3 mm
- Aguja de tapicería

TÉCNICAS

Anillo mágico
Punto bajo (p. b.)
Punto alto (p. a.)
Puntos alto doble (p. a. d.)
Punto raso (p. r.)
Cadeneta (cad.)

Nota

Los pétalos se tejen en redondo. El centro se hace por separado y luego se cose al centro de los pétalos.

Centro

Con un ganchillo de 2,5 mm e hilo A, haga un anillo mágico.

Vuelta 1: 1 cad., 5 p. b. en el centro del anillo, cierre con 1 p. r.

Vuelta 2: (2 p. b. en la laz. del. de cada p.) 5 veces (10 p.).

Vuelta 3: Cambie al hilo B y, trabajando en las laz. tras., teja (3 cad., 1 p. r. en cada uno de los sig. 2 p.) 5 veces (5 bucles). Remate la labor. Deje un cabo suelto.

Pétalos superiores

Con un ganchillo de 3 mm e hilo C, haga un anillo mágico.

Vuelta 1: 1 cad., 5 p. b. en el centro del anillo, cierre con 1 p. r.

Vuelta 2: *3 cad., 3 p. a., 3 cad., 1 p. r. en el p. sig.; repita desde * 4 veces.

Remate la labor. Deje un cabo suelto.

Pétalos inferiores

Con un ganchillo de 3 mm e hilo C, haga un anillo mágico.

Vuelta 1: 1 cad., 6 p. b. en el centro del anillo, cierre con 1 p. r.

Vuelta 2: *3 cad., 2 p. a. d., 3 p. a. d. en el p. sig., 3 cad., 1 p. r. en el mismo p., 1 p. r. en el p. sig.; repita desde * 2 veces (3 pétalos). Remate la labor. Deje un cabo suelto.

Hojita (haga 2)

Hilera 1: Con un ganchillo de 3 mm e hilo D, haga 4 cad.

Hilera 2: 1 p. r. en la 2.ª cad., 1 p. r. en cada uno de las 2 cad. sig., (6 cad., 1 p. r. en la 2.ª cad., 1 p. r. en cada una de las 2 cad. sig.) 2 veces, (4 cad., 1 p. r. en la 2.ª cad., 1 p. r. en cada una de las 2 cad. sig.), ahora trabajará por el segundo lado de la hoja, (2 p. r. en la cad. base, 4 cad., 1 p. r. en la 2.ª cad., 1 p. r. en cada una de las 2 cad. sig.) 2 veces (6 frondas).
Remate la labor y esconda los cabos.

Montaje

Coloque el centro de la anémona en medio de los pétalos superiores y cóselo utilizando el cabo suelto. Junte los pétalos superiores e inferiores de manera que se superpongan. Cósalos juntos con pequeñas puntadas. Si lo desea, cosa las hojas detrás de los pétalos.

〜〜〜〜〜〜〜〜〜

Prímula

Esta flor es tan gráfica y puede ser de tantos colores preciosos que casi parece irreal. Aproveche restos de hilos y haga tantas como pueda en diferentes combinaciones de colores.

TAMAÑO FINAL

La flor mide unos 5 cm de ancho.

NECESITARÁ

◆ Catona de Scheepjes, 100 % algodón mercerizado (25 m por ovillo de 10 g):
  1 ovillo de color 100 Lemon Chiffon (A)
  1 ovillo de color 251 Garden Rose (B)
  1 ovillo de color 519 Fresia (C)
  1 ovillo de color 208 Yellow Gold (D)
  Para hacer las otras prímulas, sustituya el color B por 189 Royal Orange o 282 Ultra Violet, y el C por 208 Yellow Gold o 226 Light Orchid
◆ Aguja de ganchillo de 3 mm
◆ Aguja de tapicería

TÉCNICAS

Anillo mágico
Punto medio alto (p. m. a.)
Punto bajo (p. b.)
Punto alto (p. a.)
Punto alto doble (p. a. d.)
Punto raso (p. r.)
Cadeneta (cad.)

Nota

Estos pétalos se trabajan en redondo y luego el centro se adorna con pequeños nudos franceses.

Flor (haga 3)

Con un ganchillo de 3 mm e hilo A, haga un anillo mágico.

Vuelta 1: 1 cad., 8 p. b. en el centro del anillo, cierre con 1 p. r.

Vuelta 2: (2 p. b. en cada p.) 8 veces, cierre con 1 p. r. (16 p.). Remate el hilo A.

Vuelta 3: Cambie al hilo B, incorporándolo con 1 p. r. en cualquier p. b., *(2 cad., 1 p. a.) en el mismo p., (1 p. a., 2 cad., 1 p. r.) en el p. sig., 1 p. b.; repita desde * 7 veces (8 pétalos). Remate el hilo B.

Vuelta 4: Cambie al hilo C, incorporándolo con 1 p. r. en cualquier p. b. situado entre pétalos, *2 cad., 2 p. b. sobre cada uno de los sig. 2 p. a., 2 cad., 1 p. r. entre los pétalos en el p. de la vuelta 2; repita desde * 7 veces. Remate la labor y esconda los cabos. Coloque los pétalos de manera que el borde de cada uno se superponga al del pétalo siguiente.

Estambres

Con hilo D y una aguja de tapicería, haga 3 nudos franceses (*véase* la página 154) en el centro de la flor. Remate la labor y esconda los cabos.

Jacinto de los bosques

Una de las escenas primaverales que más me gustan son los mantos de jacintos que cubren el suelo de los bosques. Es difícil capturar tanta belleza en una fotografía. Puede que lo mejor sea simplemente ir a admirar las vistas cuando sale el sol. Estos jacintos, con todas las campanitas colgando hacia un lado, son la especie nativa de Gran Bretaña.

TAMAÑO FINAL

La flor mide unos 2,5 cm de largo.

NECESITARÁ

- Catona de Scheepjes, 100 % algodón mercerizado (25 m por ovillo de 10 g):
    1 ovillo de color 508 Deep Amethyst (A)
    1 ovillo de color 205 Kiwi (B)
- Aguja de ganchillo de 2,5 mm
- Aguja de tapicería
- Alambre floral
- Pegamento

TÉCNICAS

Anillo mágico
Punto alto (p. a.)
Punto bajo (p. b.)
Punto raso (p. r.)
Cadeneta (cad.)

Nota

La flor acampanada se trabaja en redondo con grandes puntos altos. Después, se tejen pequeños piquitos para formar los bordes ondulados.

Flor (haga 3)

Con un ganchillo de 2,5 mm e hilo
A, haga un anillo mágico.
Vuelta 1: 2 cad., 7 p. a. en el centro
del anillo, cierre con 1 p. r. encima
de la 2.ª cad.
Vuelta 2: (2 cad., 1 p. a.) jun., 1 cad.,
(2 p. a. jun., 1 cad.) 3 veces, 1 p. r.
en el 1.ᵉʳ p. (4 p., 4 cad.).
Vuelta 3: (2 cad., 1 p. r. en la 1.ª
cad., 1 p. r. en la cad. de la vuelta 2)
repita 3 veces.
Remate la labor. Deje un cabo suelto
y, con una aguja de tapicería, lleve
el hilo hacia arriba atravesando el
centro de la flor.

Tallo

Corte un trozo de alambre floral
de unos 15 cm de largo. Enrolle
hilo B alrededor del alambre hasta
recubrirlo entero. Fije los extremos
con un poquito de pegamento.
Utilice el cabo de hilo A del centro
de la flor para coserla en el extremo
del alambre. Curve un poco el
alambre y, después, cosa las otras
2 flores, dejando alrededor de
2,5 cm de distancia entre ellas.

Aciano

Hay pocas flores que sean realmente azules, pero esta tan bella y delicada resalta en los campos como una joya perfecta.

TAMAÑO FINAL

La flor mide unos 6 cm de ancho.

NECESITARÁ

- Catona de Scheepjes, 100 % algodón mercerizado (25 m por ovillo de 10 g):
    1 ovillo de color 164 Light Navy (A)
    1 ovillo de color 261 Capri Blue (B)
- Aguja de ganchillo de 3 mm
- Aguja de tapicería

TÉCNICAS

Anillo mágico
Punto bajo (p. b.)
Punto raso (p. r.)
Cadeneta (cad.)

Nota

La flor se trabaja en redondo, pero los pétalos se crean tejiendo en las cadenetas que salen del centro.

Flor

Con un ganchillo de 3 mm e hilo A,
haga un anillo mágico.
Vuelta 1: 1 cad., 6 p. b. en el centro
del anillo, cierre con 1 p. r.
Remate la labor.

Primera hilera de pétalos
Vuelta 2: Incorpore el hilo B en la
laz. del. de cualquier p. b., *6 cad.,
1 p. r. en la 2.ª cad. desde la aguja,
1 p. r., 2 cad., 1 p. r. en la 2.ª cad.
desde la aguja, 1 p. r., 3 p. r. en la
cad. base, 1 p. r. en la laz. del. del
sig. p. b.; repita desde * 5 veces.
No remate la labor.

Segunda hilera de pétalos
Repita la vuelta 2 haciendo los
p. r. en las laz. tras. de la vuelta 1.
Remate la labor y esconda
los cabos.

Cosmos

Estas flores se parecen a las sencillas margaritas, pero tienen los pétalos más anchos y pueden ser de muchísimos colores diferentes. Si desea que evoquen los típicos jardines de las entrañables casitas de campo, hágalas en tonos melocotón, rosas y lilas.

TAMAÑO FINAL

La flor mide unos 8 cm de ancho.

NECESITARÁ

- Bellissima DK (ligero) de Stylecraft, 100 % acrílico premium (268 m por ovillo de 100 g):
  Una pequeña cantidad de color 3924 Raspberry Riot (A)
- Catona de Scheepjes, 100 % algodón mercerizado (25 m por ovillo de 10 g):
  1 ovillo de color 208 Yellow Gold (B)
  Para hacer los otros cosmos, sustituya el color A por 3933 Crushed Plum o 7214 Wondrous White
- Aguja de ganchillo de 3 mm
- Aguja de tapicería
- Un poco de relleno de poliéster

TÉCNICAS

Anillo mágico
Punto medio alto (p. m. a.)
Punto bajo (p. b.)
Punto raso (p. r.)
Cadeneta (cad.)

Nota

La flor se trabaja en redondo, pero los pétalos se crean tejiendo en las cadenetas que salen del centro. El centro se trabaja por separado y, al final de todo, se cose en su sitio.

Pétalos

Los pétalos se trabajan en dos fases. Primero se teje una cadeneta base y un lado de los 8 pétalos. Después, se hace el otro lado empezando en el centro y rematando los pétalos a medida que se completan.

Con un ganchillo de 3 mm e hilo A, haga un anillo mágico.

Vuelta 1: 1 cad., 8 p. b. en el centro del anillo, cierre con 1 p. r.

Vuelta 2 (primera parte de los pétalos): *10 cad., 1 p. m. a. en la 3.ª cad. desde la aguja, 4 p. m. a., 3 p. b., 1 p. b. en la base de las cad., 1 p. r. en el centro del p. sig.); repita desde * 7 veces (8 pétalos). Remate la labor.

Vuelta 3 (segunda parte de los pétalos): Trabajando en el segundo lado de la cad. base, *incorpore el hilo en la base de cualquier pétalo, 1 cad., 2 p. b., 5 p. m. a., 2 cad., 1 p. r. en la base de la cad. de vuelta de encima del pétalo, remate el hilo; repita desde * 7 veces (8 pétalos).

Remate la labor y esconda los cabos.

Polen

Con un ganchillo de 3 mm e hilo B, haga un anillo mágico.
Hilera 1: 1 cad., 6 p. b. en el centro del anillo, cierre con 1 p. r.
Remate la labor dejando un cabo largo.

Montaje

Ponga un poquito de relleno detrás del polen. Cosa el polen en el centro de los pétalos.

Crocus sativus

Azafrán

Las flores de azafrán asoman entre la nieve incluso en los inviernos más fríos y ofrecen un espectáculo maravilloso: salpican el paisaje de alegría cuando el resto de las flores aún no se han atrevido a dejarse ver. No se olvide de incluir los llamativos estambres naranjas en el centro de la flor.

TAMAÑO FINAL

La flor y el tallo miden unos 7 cm de largo.

NECESITARÁ

- Catona de Scheepjes, 100 % algodón mercerizado (25 m por ovillo de 10 g):
  1 ovillo de color 522 Primrose (A)
  1 ovillo de color 226 Light Orchid (B)
  1 ovillo de color 281 Tangerine (C)
  Para hacer las otras flores de azafrán, sustituya el color A por 100 Lemon Chiffon o 226 Light Orchid y el B por 106 Snow White

- Aguja de ganchillo de 2,5 mm
- Aguja de tapicería
- Pegamento

TÉCNICAS

Anillo mágico
Punto medio alto (p. m. a.)
Punto bajo (p. b.)
Punto alto (p. a.)
Punto raso (p. r.)
Cadeneta (cad.)

Nota

Los pétalos se crean trabajando en ambos lados de la cadeneta base.

Pétalos internos
(haga 3)

Con un ganchillo de 2,5 mm e hilo A, haga 7 cad.

Hilera 1: 1 p. b. en la 2.ª cad. desde la aguja, 1 p. m. a., 2 p. a., 1 p. m. a., 3 p. b. en la última cad., (ahora trabaje por el otro lado de la cad. base), 1 p. m. a., 2 p. a., 1 p. m. a., 1 p. b.

Hilera 2: 1 cad. por delante del pétalo, 1 p. b. en el 1.er p. b., 5 p. b., 3 p. b. en la punta del pétalo, 6 p. b. para llegar al final. Remate la labor dejando un cabo suelto.

Pétalos externos
(haga 3)

Con un ganchillo de 2,5 mm e hilo A, haga 10 cad.

Hilera 1: 1 p. r. en la 2.ª cad. desde la aguja, 2 p. r., 1 p. b., 1 p. m. a., 2 p. a., 1 p. m. a., 3 p. b. en la última cad., (ahora trabaje por el otro lado de la cad. base), 1 p. m. a., 2 p. a., 1 p. m. a., 1 p. b.

Hilera 2: 1 cad. por delante del pétalo, sáltese los p. r., 1 p. b. en el 1.er p. b., 5 p. b., 3 p. b. en la punta del pétalo, 6 p. b. para llegar al final. Remate la labor dejando un cabo suelto.

Estambres (haga 3)

Haga un nudo en el extremo de un trozo de hilo C. Mida 4 cm desde el nudo y corte el hilo.

Montaje

Coloque los estambres en el centro de la flor y cosa los pétalos internos alrededor. Después, coloque los pétalos externos por detrás de los internos, asegurándose de que se superponen. Utilice un trozo de hilo B para atar los pétalos externos. Fije los extremos con un poquito de pegamento.

~~~~~~~~

Narciso

Siempre da alegría ver un manto de narcisos dorados en un seto, un bosque o un jardín. He creado versiones distintas modificando el color de los pétalos y la forma de la corona central.

TAMAÑO FINAL

La flor mide unos 9 cm de ancho.

NECESITARÁ

◆ Catona de Scheepjes, 100 % algodón mercerizado (25 m por ovillo de 10 g):
   1 ovillo de color 208 Yellow Gold (A)
   Cree los narcisos de pétalos blancos con hilo Bellissima DK (ligero) de Stylecraft, 100 % acrílico premium (268 m por ovillo de 100 g): color 7214 Wondrous White (B)
   Para cambiar el centro, puede tejer una corona de color 410 Rich Coral, hacer un centro ondulado en tonos 410 Rich Coral (C) y 523 Peach (D) o trabajar un centro pequeño con los colores 515 Emerald (E) y 249 Saffron (F)
◆ Aguja de ganchillo de 3 mm
◆ Aguja de tapicería

TÉCNICAS

Anillo mágico
Punto medio alto (p. m. a.)
Punto alto (p. a.)
Punto alto doble (p. a. d.)
Punto bajo (p. b.)
Punto raso (p. r.)
Cadeneta (cad.)

Nota

Los grandes pétalos se hacen en dos fases, primero se trabaja por un lado de la cadeneta base y luego por el otro. El centro se teje por separado y, al final de todo, se cose en su sitio.

Pétalos

Los pétalos se trabajan en dos fases.
Primero se teje una cadeneta base
y un lado de los 6 pétalos. Después,
se hace el otro lado empezando en
el centro y rematando los pétalos a
medida que se completan.

Con un ganchillo de 3 mm e hilo A,
haga un anillo mágico.

Vuelta 1: 1 cad., 6 p. b. en el centro
del anillo, cierre con 1 p. r.

Vuelta 2 (primera parte de los pétalos):
*7 cad., 1 p. b. en la 2.ª cad. desde
la aguja, (1 p. m. a., 1 p. a.) en el p.
sig., (1 p. a., 1 p. a. d.) en el p. sig.,
(1 p. a., 1 p. m. a.) en el p. sig.,
1 p. m. a., 1 p. b., 1 p. r. en la base
de la cad., 1 p. r. en el centro; repita
desde * 5 veces (6 pétalos).
Remate la labor.

**Vuelta 3 (segunda parte de los
pétalos):** Trabajando en el segundo
lado de la cad. base, *incorpore el
hilo en la base de cualquier pétalo,
1 cad., 1 p. b. en la 1.ª cad., 1 p. m.
a., (1 p. m. a., 1 p. a.) en el p. sig.),
(1 p. a. d., 1 p. a.) en el p. sig., (1 p.
a., 1 p. m. a.) en el p. sig., 1 p. b.,
1 p. r. en la base de la cad. de
vuelta de encima del pétalo, remate
el hilo; repita desde * 5 veces
(6 pétalos).
Remate la labor y esconda los
cabos.

Corona

Con un ganchillo de 3 mm e hilo A,
haga un anillo mágico.

Vuelta 1: 1 cad., 5 p. b. en el centro
del anillo, cierre con 1 p. r.

Vuelta 2: (2 p. b. en cada p.) 5 veces
(10 p.).

Vueltas 3 y 4: Teja 1 p. b. en cada p.

Vuelta 5: (4 p. b., 2 p. b. en el p. sig.)
2 veces (12 p.).

Vuelta 6: (3 p. b. en el p. sig., 1 p. r.
en el p. sig.) 6 veces.
Remate la labor y esconda los
cabos.

Cosa la base de la corona al centro
de los pétalos.

Estambres

Con hilo C, haga 3 nudos franceses (*véase* la página 154) en el centro de la corona de la flor.

Narciso de pétalos blancos

Teja los pétalos de la flor con hilo B.

Centro ondulado

Con un ganchillo de 3 mm e hilo C, haga un anillo mágico.

Vuelta 1: 1 cad., 8 p. b. en el centro del anillo, cierre con 1 p. r.

Vuelta 2: 3 cad., 5 p. a. en la base de la cad., (6 p. a. en el p. sig.) 7 veces (48 p.). Remate el hilo C.

Vuelta 3: Incorpore el hilo D en cualquier p. con 1 p. r., 1 cad., 1 p. b. en cada p. hasta el final, cierre con 1 p. r.

Remate la labor y esconda los cabos. Cosa la base de la corona ondulada al centro de los pétalos.

Centro del narciso de los poetas

Con un ganchillo de 3 mm e hilo E, haga un anillo mágico.

Vuelta 1: 1 cad., 6 p. b. en el centro del anillo, cierre con 1 p. r. Remate el hilo E.

Vuelta 2: Incorpore el hilo F en cualquier p. con 1 p. r., 1 cad., 2 p. b. en cada p. hasta el final (12 p.). Remate la labor y esconda los cabos.

Cosa la base de la corona al centro de los pétalos.

Dahlia pinnata

~~~~~~~~~~~~~~~~~~~~~

Dalia

Esta hermosa y voluminosa flor es la reina de finales de verano.
Para darle un aspecto natural, he utilizado varios tonos. Una vez completados
los pétalos, la parte posterior de la flor se puede encerrar en el cáliz.

TAMAÑO FINAL

La flor mide unos 10 cm de ancho.

NECESITARÁ

- Special DK (ligero) de Stylecraft,
  100 % acrílico (295 m por ovillo
  de 100 g):
  Pequeñas cantidades de los colores
  1833 Blush (A), 1026 Apricot (B),
  1844 Toy (C) y 1852 Apple (D)
  Para hacer la otra dalia, sustituya
  el color A por 1827 Fuchsia Purple,
  y el B y el C por 1035 Burgundy
- Aguja de ganchillo de 3 mm
- Aguja de tapicería

TÉCNICAS

Anillo mágico
Punto bajo (p. b.)
Punto medio alto (p. m. a.)
Punto alto (p. a.)
Punto raso (p. r.)
Cadeneta (cad.)

Nota

*Esta flor es muy tupida.
Los pétalos se tejen trabajando
en los puntos y luego se crea
una cadeneta base en la que
colocar la siguiente capa
de pétalos.*

Flor

Con un ganchillo de 3 mm e hilo A, haga un anillo mágico.

Vuelta 1: 1 cad., 8 p. b. en el centro del anillo, cierre con 1 p. r.

Pétalos

Vuelta 2: *3 cad., 1 p. r. en la 2.ª cad. desde la aguja, 1 p. r. en la cad. sig., 1 p. r. en el p. sig.; repita desde * 7 veces (8 pétalos).

Ahora trabajará por detrás de los pétalos para crear una base en la que colocar la siguiente vuelta de pétalos.

Vuelta 3: *3 cad., sáltese 2 pétalos, 1 p. r. en el p. situado entre los pétalos; repita desde * 3 veces (4 bucles de cad.).

Trabaje en los bucles de cad. de la vuelta anterior.

Vuelta 4: *(4 cad., 1 p. r. en la 2.ª cad. desde la aguja, 2 p. r., 1 p. r. en el bucle de cad.) 2 veces, 1 p. r. en el sig. bucle de cad.; repita desde * 3 veces (8 pétalos). Remate el hilo A.

Vuelta 5: Incorpore el hilo B en cualquier p. r. de la vuelta 3 situado entre pétalos, *4 cad., sáltese 2 pétalos, 1 p. r. en el p. situado entre los pétalos; repita desde * 3 veces (4 bucles de cad.).

Trabaje en los bucles de cad. de la vuelta anterior.

Vuelta 6: *(6 cad., 1 p. r. en la 2.ª cad. desde la aguja, 2 p. b., 2 p. m. a. en la cad., 1 p. r. en el bucle de cad.) 4 veces, 1 p. r. en el sig. bucle de cad.; repita desde * 3 veces (16 pétalos). Remate el hilo B.

Vuelta 7: *5 cad., sáltese 4 pétalos, 1 p. r. en el p. situado entre los pétalos; repita desde * 3 veces (4 bucles de cad.).

Trabaje en los bucles de cad. de la vuelta anterior.

Vuelta 8: *(6 cad., 1 p. r. en la 2.ª cad. desde la aguja, 2 p. b., 2 p. m. a. en la cad., 1 p. r. en el bucle de cad.) 4 veces, 1 p. r. en el sig. bucle de cad.; repita desde * 3 veces (16 pétalos). Remate el hilo B.

Vuelta 9: Incorpore el hilo C en cualquier p. r. de la vuelta 3 situado entre pétalos, *5 cad., sáltese 4 pétalos, 1 p. r. en el p. situado entre los pétalos; repita desde * 3 veces (4 bucles de cad.).

Trabaje en los bucles de cad. de la vuelta anterior.

Vuelta 10: *(8 cad., 1 p. r. en la 2.ª cad. desde la aguja, 2 p. b., 2 p. m. a., 2 p. a. en la cad., 1 p. r. en el bucle de cad.) 4 veces, 1 p. r. en el sig. bucle de cad.; repita desde * 3 veces (16 pétalos).

Vueltas 11 y 12: Repita las vueltas 9 y 10. Remate el hilo C y esconda los cabos.

Cáliz de la flor

Con un ganchillo de 3 mm e hilo D, haga un anillo mágico.

Vuelta 1: 1 cad., 8 p. b. en el centro del anillo, cierre con 1 p. r.

Vuelta 2: (2 p. b. en cada p.) 8 veces (16 p.).

Vuelta 3: (1 p. b., 2 p. b. en el p. sig.) 8 veces (24 p.).

Vuelta 4: (2 p. b., 2 p. b. en el p. sig.) 8 veces (32 p.).

Remate la labor dejando un cabo suelto.

Montaje

Ponga el cáliz en la parte posterior de la flor y utilice el cabo para coserlo a los puntos de la base de los pétalos con un sobrehilado.

Bellis perennis

~~~~~~~~~~~~~~~~~~

Margarita

La margarita es la flor más sencilla y emblemática. Las hay de muchos tamaños diferentes, pero todas son un placer para la vista. Este patrón crea un centro ligeramente abultado. Haga varias de diferentes colores para crear un ramo multicolor.

TAMAÑO FINAL

La flor mide unos 9 cm de ancho.

NECESITARÁ

- Catona de Scheepjes, 100 % algodón mercerizado (25 m por ovillo de 10 g):
    1 ovillo de color 106 Snow White (A)
    1 ovillo de color 208 Yellow Gold (B)
- Aguja de ganchillo de 3 mm
- Relleno de poliéster
- Aguja de tapicería

TÉCNICAS

Anillo mágico
Punto medio alto (p. m. a.)
Punto alto (p. a.)
Punto bajo (p. b.)
Punto raso (p. r.)
Cadeneta (cad.)

Nota

La flor se trabaja en redondo; los pétalos se crean a partir de una cadeneta base que sale del centro. El polen se teje por separado y, al final de todo, se cose en su sitio.

Pétalos

Con un ganchillo de 3 mm e hilo A, haga un anillo mágico.

Vuelta 1: 1 cad., 5 p. b. en el centro del anillo, cierre con 1 p. r.

Vuelta 2: (2 p. b. en cada p.) 5 veces (10 p.).

Vuelta 3: *8 cad., 1 p. b. en la 2.ª cad. desde la aguja, 1 p. m. a., 3 p. a., 1 p. m. a., 1 p. b., 1 p. r. en el sig. p. del centro; repita desde * 9 veces (10 pétalos).

Remate la labor y esconda los cabos.

Polen

Con un ganchillo de 3 mm e hilo B, haga un anillo mágico.

Vuelta 1: 1 cad., 6 p. b. en el centro del anillo, cierre con 1 p. r.

Vuelta 2: (2 p. b. en cada p.) 6 veces (12 p.).

Vuelta 3: Teja 1 p. b. en cada p. (12 p.).

Remate la labor dejando un cabo largo.

Montaje

Ponga un poquito de relleno detrás del polen. Cosa el polen en el centro de los pétalos.

Dianthus

Clavel (rosa)

Esta flor desprende un olor increíble y, a menudo, tiene bonitos toques de otro color en el borde dentado de sus preciosos pétalos. Si teje varios de diferentes tonos, podrá crear un colorido arreglo floral.

TAMAÑO FINAL

La flor mide unos 6 cm de ancho.

NECESITARÁ

◆ Catona de Scheepjes, 100 % algodón mercerizado (25 m por ovillo de 10 g):
  1 ovillo de color 408 Old Rose (A)
  1 ovillo de color 515 Emerald (B)
◆ Aguja de ganchillo de 3 mm
◆ Alambre floral
◆ Aguja de tapicería
◆ Pegamento

TÉCNICAS

Anillo mágico
Punto medio alto (p. m. a.)
Punto bajo (p. b.)
Punto raso (p. r.)
Cadeneta (cad.)

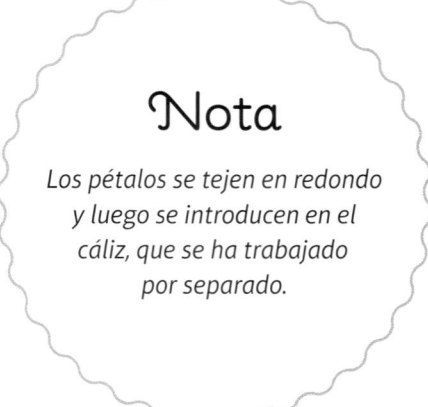

Nota

Los pétalos se tejen en redondo y luego se introducen en el cáliz, que se ha trabajado por separado.

Pétalos (haga 2)

Con un ganchillo de 3 mm e hilo A, haga un anillo mágico.

Vuelta 1: 1 cad., 8 p. b. en el centro del anillo, cierre con 1 p. r.

Primera hilera de pétalos

Vuelta 2: *(5 cad., 4 p. a. d., 5 cad., 1 p. r. en el mismo p.), 1 p. r. en el p. sig.; repita desde * 7 veces (8 pétalos).
Ahora trabaje por detrás de la vuelta 2.
Vuelta 3: 3 cad., 1 p. r. en el p. r. de la vuelta 2; repita 7 veces (8 bucles).

Segunda hilera de pétalos

Vuelta 4: Trabajando en los bucles de cad. de la vuelta 3, *(5 cad., 4 p. a. d., 5 cad., 1 p. r. en el mismo bucle), 1 p. r. en el bucle sig.; repita desde * 7 veces (8 pétalos).
Deje un cabo de 10 cm.

Cáliz

Con un ganchillo de 3 mm e hilo B, haga un anillo mágico.
Vuelta 1: 1 cad., 6 p. b. en el centro del anillo, cierre con 1 p. r.
Vueltas 2 y 3: 1 p. b. en cada p. hasta el final (6 p.).
Vuelta 4: (2 p. b., 2 p. b. en el p. sig.) 2 veces (8 p.).
Deje un cabo suelto.

Tallo

Corte un trozo de alambre floral de unos 10 cm de largo y empiece a enrollar el hilo a su alrededor hasta recubrirlo entero. Fije los extremos con un poquito de pegamento.

Montaje

Cosa los pétalos al interior del cáliz y fíjelos con un poco de pegamento para asegurarse de que no se caerán. Introduzca un extremo del tallo en la base del cáliz. Fije los extremos con un poquito de pegamento. Cosa el cáliz al extremo del alambre.

Rosa canina

Rosa silvestre

La clásica rosa silvestre es una flor icónica tanto de los bosques, donde crece en setos, como de los jardines. Desprende un agradable olor a almizcle, y a las abejas les encanta posarse en su centro abierto.

TAMAÑO FINAL

La flor mide unos 7 cm de ancho.

NECESITARÁ

- Catona de Scheepjes, 100 % algodón mercerizado (25 m por ovillo de 10 g):
    - 1 ovillo de color 105 Bridal White (A)
    - 1 ovillo de color 106 Snow White (B)
    - 1 ovillo de color 238 Powder Pink (C)
    - 1 ovillo de color 518 Marshmallow (D)
    - 1 ovillo de color 208 Yellow Gold (E)
- Aguja de ganchillo de 3 mm
- Aguja de tapicería

TÉCNICAS

Anillo mágico
Punto alto doble (p. a. d.)
Punto bajo (p. b.)
Punto raso (p. r.)
Cadeneta (cad.)

Nota

Estos pétalos se trabajan en redondo y luego el centro se adorna con pequeños nudos franceses.

Pétalos (haga 2)

Con un ganchillo de 3 mm e hilo A,
haga un anillo mágico.

Vuelta 1: 4 cad., 9 p. a. d. en el
centro del anillo, cierre con 1 p. r.
en la 4.ª cad. inicial (10 p.)
Remate el hilo A.

Vuelta 2: Incorpore el hilo B en
cualquier p. con 1 p. r., 1 cad.,
2 p. b. en cada p., cierre con
1 p. r. en la cad. (20 p.).
Remate el hilo B.

Vuelta 3: Incorpore el hilo C en
cualquier p. con 1 p. r.,*4 cad.,
(2 p. a. d. en el mismo p.) 3 veces,
4 cad., 1 p. r. en el p. sig.; repita
desde * 4 veces para llegar al final.
Remate el hilo C (5 pétalos).

Vuelta 4: Incorpore el hilo D en el p.
r. de la vuelta 3 con 1 p. r.,*3 cad.,
6 p. b., 3 cad., 1 p. r. encima del sig.
p. r.; repita desde * 4 veces para
llegar al final. Remate el hilo D
(5 pétalos). Esconda los cabos
sueltos.

Estambres

Con hilo E, haga 10 nudos franceses
(*véase* la página 154) justo debajo
de la vuelta 2 en el centro de la
flor. Remate la labor y esconda los
cabos.

Myosotis sylvatica

Nomeolvides

¡Esta florecilla es tan pura y bonita! Los grupos de nomeolvides forman una neblina azul bajo los primeros rayos de sol de la mañana, alegrando los campos de tulipanes. Teja unos cuantos y colóquelos entre otras flores primaverales en una corona o un arreglo floral.

TAMAÑO FINAL

La flor mide unos 3 cm de ancho.

NECESITARÁ

- Giza Cotton 4ply de King Cole, 100 % algodón (158 m por ovillo de 50 g):
  Pequeñas cantidades de los colores 4781 Cowslip (A) y 2198 Bluebell (B)
- Aguja de ganchillo de 2,5 mm
- Aguja de tapicería

TÉCNICAS

Anillo mágico
Punto medio alto (p. m. a.)
Punto bajo (p. b.)
Punto raso (p. r.)
Cadeneta (cad.)

Nota

Esta flor se trabaja en redondo, cambiando de color después de la primera vuelta.

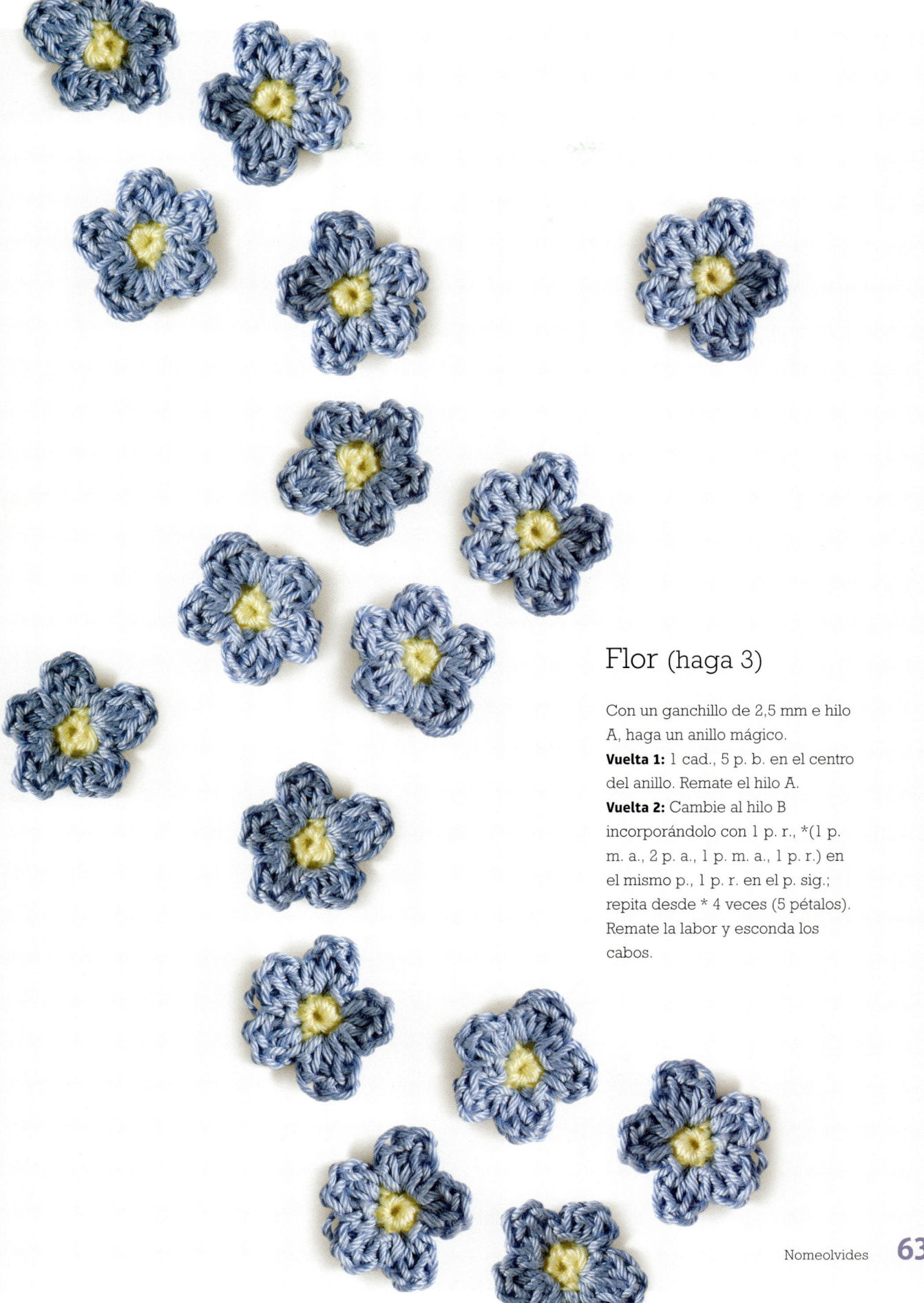

Flor (haga 3)

Con un ganchillo de 2,5 mm e hilo A, haga un anillo mágico.

Vuelta 1: 1 cad., 5 p. b. en el centro del anillo. Remate el hilo A.

Vuelta 2: Cambie al hilo B incorporándolo con 1 p. r., *(1 p. m. a., 2 p. a., 1 p. m. a., 1 p. r.) en el mismo p., 1 p. r. en el p. sig.; repita desde * 4 veces (5 pétalos). Remate la labor y esconda los cabos.

∿∿∿∿∿∿∿∿∿∿

Fucsia

Las fucsias son las pequeñas bailarinas de los jardines: sus preciosos pétalos hacen que parezcan hadas danzarinas. Para que queden más realistas, hágalas de varios tonos y añádales el tallo.

TAMAÑO FINAL

La flor y el tallo miden unos 7 cm de largo.

NECESITARÁ

- ◆ Catona de Scheepjes, 100 % algodón mercerizado (25 m por ovillo de 10 g):
    - 1 ovillo de color 413 Cherry (A)
    - 1 ovillo de color 282 Ultra Violet (B)
    - 1 ovillo de color 244 Spruce (C)
- ◆ Aguja de de 2,5 mm
- ◆ Aguja de tapicería
- ◆ Alambre floral

TÉCNICAS

Anillo mágico
Punto bajo (p. b.)
Piña de 3 puntos medios altos (piña de 3 p. m. a.)
Punto raso (p. r.)
Cadeneta (cad.)

Nota

Esta flor está compuesta de varias partes, pero los pétalos internos y externos se trabajan en redondo.

Flor externa

Con un ganchillo de 2,5 mm e hilo A, haga un anillo mágico.

Vuelta 1: 4 cad., 11 p. a. d. en el centro del anillo, cierre con 1 p. r. encima de la 4.ª cad.

Vuelta 2: Trabajando en las laz. del., *4 cad., 3 p. a. d. encima del p. sig., 2 cad., 1 p. r. en la 1.ª cad., 4 cad., *1 p. r. en cada uno de los sig. 2 p. repita desde * 3 veces (4 pétalos). Remate el hilo A.

Pétalos internos

Vuelta 3: Incorpore el hilo B con 1 p. r. en la laz. tras. de cualquier p. de la vuelta 1 y, trabajando en las laz. tras., haga 4 cad., *2 p. a. d. en el p. sig., 1 p. a. d. en el p. sig.; repita desde * 4 veces, 2 p. a. d. en el último p., cierre con 1 p. r. encima de la 4.ª cad. Remate la labor.

Ovario verde

Con un ganchillo de 3 mm e hilo C, haga un anillo mágico.

Vuelta 1: 2 cad., 1 piña de 3 p. m. a. en el centro del anillo, 5 cad. Remate la labor y esconda los cabos.

Montaje

Guiándose por la fotografía, cosa la parte superior de los pétalos externos a la base del ovario. Cosa 3 trozos de hilo en el centro de los pétalos internos. Asegúrese de que cada trozo mida unos 5 cm y hágales un nudo en el extremo. Recorte el hilo del nudo.

Gerbera

Esta flor es sensacional: alegre, llamativa y la más grande de la familia de las margaritas. Puede tejer esta belleza tropical en una amplia gama de colores.

TAMAÑO FINAL

La flor mide unos 14 cm de ancho.

NECESITARÁ

- Catona de Scheepjes, 100 % algodón mercerizado (25 m por ovillo de 10 g):
    1 ovillo de color 205 Kiwi (A)
- Catona de Scheepjes, 100 % algodón mercerizado (62 m por ovillo de 25 g):
    1 ovillo de color 519 Fresia (B)
- Aguja de ganchillo de 2,5 mm
- Aguja de ganchillo de 3 mm
- Aguja de tapicería

TÉCNICAS

Anillo mágico
Punto medio alto (p. m. a.)
Punto bajo (p. b.)
Punto raso (p. r.)
Cadeneta (cad.)

Nota

Cuesta de creer que esta flor sea una sola pieza trabajada en redondo. Busque fotografías de gerberas reales para ver de qué tono hacer el centro de las flores según el color que haya elegido para los pétalos.

Centro

Con un ganchillo de 3 mm e hilo A, haga un anillo mágico.

Vuelta 1: 1 cad., 8 p. b. en el centro del anillo.

Vuelta 2: (2 p. b. en cada p.) 8 veces (16 p.).

Vuelta 3: (1 p. b., 2 p. b. en la laz. tras. del p. sig.) 8 veces (24 p.).

Vuelta 4: Ponga un marcador, (2 p. b., 2 p. b. en la laz. tras. del p. sig.) 8 veces (32 p.).

Vuelta 5: Ponga un marcador, 1 p. b. en la laz. tras. de cada p. hasta el final (32 p.). Remate el hilo A.

Pétalos

Pétalos internos

Vueltas 1 y 2: Incorpore el hilo B con 1 p. r. en la laz. del. del 1.er p. de la vuelta 2, 3 cad., 1 p. r. en el mismo p., *1 p. r. en el p. sig., 3 cad., 1 p. r. en el p. sig.; repita desde * en las laz. del. de las vueltas 2 y 3.

Pétalos externos

Vuelta 3: En el marcador de la vuelta 4 del centro, *13 cad., 1 p. r. en la 2.ª cad. desde la aguja, 11 p. r., 1 p. r. en la base de las cad., 2 p. r.; repita desde * 15 veces, no remate la labor (16 pétalos).

Ahora trabajará alrededor de estos pétalos una vez más.

Vuelta 4: *1 p. r., 2 p. b., 7 p. m. a., 2 p. b., 3 p. b. al final de las cad., 2 p. b., 7 p. m. a., 2 p. b., 1 p. r., 1 p. r. entre los pétalos; repita desde * 15 veces (16 pétalos).

Vueltas 5 y 6: Repita las vueltas 3 y 4 trabajando en las laz. del. de la vuelta 5 del centro. Remate la labor y esconda los cabos.

Helleborus

Eléboro

Esta resistente plantita es una de las pocas que florecen en pleno invierno. No es de sorprender, pues, que también se conozca como rosa de Navidad. Puede ser de varios colores, todos preciosos, y da un toque elegante al jardín.

TAMAÑO FINAL

La flor mide unos 6 cm de ancho.

NECESITARÁ

- Catona de Scheepjes, 100 % algodón mercerizado (25 m por ovillo de 10 g):
  1 ovillo de color 106 Snow White (A)
  1 ovillo de color 515 Emerald (B)
- Creative Bubble de Rico Design, 100 % poliéster (90 m por ovillo de 50 g):
  Una pequeña cantidad de color 002 Yellow (C)
  Para hacer los otros eléboros, sustituya el hilo A por 251 Garden Rose o 408 Old Rose
- Aguja de ganchillo de 3 mm
- Aguja de tapicería

TÉCNICAS

Anillo mágico
Punto medio alto (p. m. a.)
Punto bajo (p. b.)
Punto alto (p. a.)
Punto raso (p. r.)
Cadeneta (cad.)

Nota

Los pétalos de esta flor se trabajan por ambos lados de una cadeneta base. El centro se hace con un hilo de algodón y otro texturizado (tipo espumillón), que crea los estambres.

Pétalos

Con un ganchillo de 3 mm e hilo A, haga un anillo mágico.

Vuelta 1: 1 cad., 5 p. b. en el centro del anillo, cierre con 1 p. r.

Vuelta 2: *5 cad., 1 p. b. en la 2.ª cad. desde la aguja, (1 p. m. a., 1 p. a.) en la cad. sig., 2 p. a. en la cad. sig., (1 p. m. a., 1 p. b.) en la última cad., 1 cad., ahora teja por el otro lado de las cad., (1 p. b., 1 p. m. a.) en la 1.ª cad., 2 p. a. en la cad. sig., (1 p. a., 1 p. m. a.) en la cad. sig., 1 p. b. en la última cad., 1 p. r. en la cad. de vuelta. Remate el primer pétalo. Incorpore el hilo con 1 p. r. en el sig. p. b. del anillo central. Repita desde * 4 veces. Remate la labor y esconda los cabos.

Centro

Con un ganchillo de 2,5 mm e hilo B, haga un anillo mágico.

Vuelta 1: 1 cad., 5 p. b. en el centro del anillo, cierre con 1 p. r. Remate el hilo B dejando un cabo suelto.

Vuelta 2: Incorpore el hilo C con 1 p. r. en la laz. tras., 1 p. r. en la laz. tras. de cada p. (5 p.).

Remate el hilo C y esconda el cabo.

Montaje

Cosa el centro de la flor en medio de los pétalos.

Hyacinthus orientalis

~~~~~~~~~~

Jacinto

Esta es una de las plantas que más me gusta cultivar
a principios de año. Tiene un color bellísimo y desprende
una fragancia embriagadora.

TAMAÑO FINAL

La flor mide unos 13 cm de largo.

NECESITARÁ

◆ Snuggly Replay DK (ligero) de Sirdar,
50 % acrílico y 50 % algodón (150 m por
ovillo de 50 g):

   1 ovillo de color 129 Blast-off Blue (A)

   1 ovillo de color 124 Go Faster Green (B)

◆ Merino Soft de Scheepjes, 50 % lana,
25 % microfibra, 25 % acrílico (105 m
por ovillo de 50 g):

   1 ovillo de color 607 Braque (C)

◆ Aguja de ganchillo de 3 mm

◆ Aguja de ganchillo de 3,5 mm

◆ Relleno de poliéster

◆ Alambre floral de 10 cm

◆ Tutor para plantas

◆ Aguja de tapicería

TÉCNICAS

Anillo mágico
Punto medio alto (p. m. a.)
Punto bajo (p. b.)
Punto raso (p. r.)
Cadeneta (cad.)

Nota

*Esta flor tiene un núcleo
que se trabaja al estilo
de los amigurumis, en espiral.
Después, esta parte se usa para
crear ondulantes pétalos
de cadenetas.*

Núcleo floral

Con un ganchillo de 3 mm e hilo A, haga un anillo mágico.

Vuelta 1: 1 cad., 6 p. b. en el centro del anillo, cierre con 1 p. r.

Vuelta 2: (2 p. b. en la laz. tras. de cada p.) 6 veces (12 p.).

Vuelta 3: (1 p. b., 2 p. b. en la laz. tras. del p. sig.) 6 veces (18 p.).

Vuelta 4: Teja 1 p. b. en la laz. tras. de cada p.

Vuelta 5: (2 p. b., 2 p. b. en la laz. tras. del p. sig.) 6 veces (24 p.).

Vuelta 6: Teja 1 p. b. en la laz. tras. de cada p.

Vuelta 7: (3 p. b., 2 p. b. en la laz. tras. del p. sig.) 6 veces (30 p.).

Vuelta 8: Teja 1 p. b. en la laz. tras. de cada p.

Vuelta 9: (4 p. b., 2 p. b. en la laz. tras. del p. sig.) 6 veces (36 p.).

Vueltas 10-21: Teja 1 p. b. en la laz. tras. de cada p.

Remate la labor.

Pétalos

Incorpore el hilo A con 1 p. r. en la 1.ª laz. del. de la vuelta 2 del centro.

Vuelta 1: *5 cad., sáltese el p. de la base de las cad. y el p. sig., 1 p. r. en la laz. del.; repita desde * tejiendo en espiral en las laz. del. de los puntos trabajando en vueltas alternas. Tendrá unas 11 vueltas de pétalos.

Vuelta 12: (2 p. a. jun. en la laz. tras. de cada p.) 18 veces (18 p.).

Vuelta 13: (2 p. a. jun. en la laz. tras. de cada p.) 9 veces (9 p.).

Remate la labor dejando un cabo largo.

Tallo

Con un ganchillo de 3 mm e hilo B, teja 4 cad. y 1 p. r. en la 1.ª cad. para crear un anillo.

Vuelta 1: 1 cad., 5 p. b. en el centro del anillo.

Vueltas 2-9: Teja 1 p. b. en cada p. (5 p.). Remate la labor dejando un cabo largo.

Hoja (haga 4)

Hilera 1: Con un ganchillo de 3 mm e hilo B, haga 21 cad.

Mantenga el alambre floral encima de las cadenetas: trabajará a su alrededor para encerrarlo con los puntos que teja.

Hilera 2: Introduzca el ganchillo en la 2.ª cadeneta desde la aguja, eche hebra y sáquela por el punto, pase el ganchillo por encima del alambre y los puntos, eche hebra y sáquela por las dos lazadas de la aguja, encerrando el alambre. Repita hasta el final y dé la vuelta a la labor (20 p.). Tire del alambre para que quede al inicio de la hilera.

Hilera 3 (R.): 1 cad., 17 p. b., 3 p. r., 1 cad., (ahora trabaje por el otro lado de la hoja en el otro lado de las cad.), 3 p. r., 17 p. b., dele la vuelta (41 p.).

Remate la labor dejando un cabo largo.

Tierra

Con un ganchillo de 3,5 mm e hilo C, haga un anillo mágico.

Vuelta 1: 1 cad., 6 p. b. en el centro del anillo.

Vuelta 2: 2 p. b. en cada p. (12 p.).

Vuelta 3: (1 p. b., 2 p. b. en el p. sig.) 6 veces (18 p.).

Vuelta 4: (2 p. b., 2 p. b. en el p. sig.) 6 veces (24 p.).

Vuelta 5: (3 p. b., 2 p. b. en el p. sig.) 6 veces (30 p.).

Vuelta 6: (4 p. b., 2 p. b. en el p. sig.) 6 veces (36 p.).

Vueltas 7-14: Teja 1 p. b. en cada p.

Vuelta 15: (4 p. b., 2 p. b. jun.) 6 veces (30 p.).

Vuelta 16: (3 p. b., 2 p. b. jun.) 6 veces (24 p.).

Vuelta 17: (2 p. b., 2 p. b. jun.) 6 veces (18 p.).

Introduzca abundante relleno de poliéster.

Vuelta 18: (1 p. b., 2 p. b. jun.) 6 veces (12 p.).

Vuelta 19: (2 p. b. jun.) 6 veces (6 p.).

Con una aguja de tapicería, pase el hilo a través de los últimos p. b. de la vuelta y cíñalo para cerrar el agujero. Remate la labor y esconda los cabos.

Montaje

Rellene la flor de jacinto con abundante relleno. Después, inserte el tutor para plantas en el centro de la flor. Con el cabo largo que ha dejado en la base de la flor, junte los 9 p. y cíñalos alrededor del tutor. Deslice el tallo alrededor del tutor hasta que quede encajado en la base de la flor. Haga unas pequeñas puntadas para unir la parte superior del tallo a la base de la flor. Compruebe si la parte restante del tutor se adapta a la tierra. Si fuera demasiado largo, córtelo con unas tijeras robustas. Inserte el tutor en el centro de la tierra. Haga unas pequeñas puntadas para unir la base del tallo a la parte superior de la tierra. Clave el alambre de cada hoja en la tierra y, después, utilice los largos cabos de hilo B para coser la base de cada hoja a la parte superior de la tierra. Colóquelo todo en una maceta de 8 o 9 cm de diámetro o teja su propia maceta, tal como he hecho yo.

Papaver nudicaule

Amapola de Islandia

Esta flor es tan delicada que sus pétalos parecen de papel.
Puede ser de varios tonos pastel y resulta una bonita
incorporación en cualquier jardín.

TAMAÑO FINAL

La flor mide unos 7 cm de ancho.

NECESITARÁ

- Special DK (ligero) de Stylecraft,
  100 % acrílico (295 m por ovillo de
  100 g):
  Pequeñas cantidades de los colores
  11835 Buttermilk (A), 1823 Mustard
  (B) y 1822 Pistachio (C)
  Para hacer las otras amapolas,
  sustituya el color A por 1711 Spice
  o 1826 Apricot
  Para hacer la amapola oriental
  roja, sustituya el color A por 1246
  Lipstick y el B por 1011 Midnight
- Aguja de ganchillo de 3 mm
- Tenedor de postre
- Alambre floral
- Aguja de tapicería
- Pegamento

TÉCNICAS

Anillo mágico
Punto medio alto (p. m. a.)
Punto bajo (p. b.)
Punto raso (p. r.)
Cadeneta (cad.)

Nota

*Los pétalos de la amapola
se trabajan en hileras.*

Pétalos (haga 2)

Con un ganchillo de 3 mm e hilo A, haga un anillo mágico.

Hilera 1: 1 cad., 6 p. b. en el centro del anillo, cierre con 1 p. r.

Primer pétalo

Hilera 2 (D.): 1 cad., (2 p. b. en cada p.) 3 veces, dé la vuelta a la labor (6 p.). Los otros 3 p. del anillo mágico serán para el 2.º pétalo.

Hilera 3: 1 cad., (2 p. b. en cada p.) 6 veces, dele la vuelta (12 p.).

Hileras 4 y 5: Teja 1 p. b. en cada p.

Hilera 6: 1 cad., (1 p. b., 2 p. b. en el p. sig.) 6 veces, dele la vuelta (18 p.).

Hilera 7: 1 cad., 1 p. b. en cada p. Remate la labor dejando un cabo suelto.

Segundo pétalo

Con el D. hacia usted, incorpore el hilo A en 1.º de los p. restantes de la hilera 1.

Repita las hileras 2-7.

Borde

Incorpore el hilo A en el 1.er p. del 1.er pétalo, *4 p. r. en los extremos de las hileras del 1.er pétalo, 18 p. r. en la hilera 7, 4 p. r. en los otros extremos de las hileras del pétalo, 1 p. r. en la 1.ª hilera. Repita desde * para hacer otro pétalo. Remate la labor dejando un cabo de 10 cm. Ponga un par de pétalos encima del otro par de manera perpendicular. Con el cabo, cosa ambos pares de pétalos por el centro.

(Para hacer una amapola oriental roja, más grande, repita la hilera 7 dos veces más antes de añadir el borde.)

Estambres

Haga un pequeño pompón (*véase* la página 155) enrollando hilo B unas 10 veces alrededor del tenedor de postre. Cosa el pompón en el centro de la amapola.

Cápsula de semillas

Con un ganchillo de 3 mm e hilo C, haga un anillo mágico.

Hilera 1: Alargue la laz. hasta que alcance la altura de 2 cad. Teja 1 piña de 3 p. m. a. en el anillo mágico. Remate la labor y esconda los cabos. Cósala en el centro de la amapola.

Puede colocar su amapola de Islandia en un tallo.

Tallo

Corte un trozo de alambre floral de unos 20 cm de largo. A continuación, tejerá cadenetas alrededor del alambre (*véase* la página 151).

Con un ganchillo de 3 mm e hilo C, haga un nudo corredizo. Sujete el alambre con la mano en la que tiene el hilo, ponga el hilo debajo del alambre y el ganchillo encima, eche hebra y sáquela por el nudo corredizo. Ponga el ganchillo debajo del alambre, eche hebra y alárguela. Ponga el ganchillo encima del alambre, eche hebra y sáquela por las dos lazadas de la aguja. Siga así hasta que todo el alambre quede recubierto.

Montaje

Fije los extremos con un
poquito de pegamento.
Cosa la flor a un extremo
del alambre.

Lavandula angustifolia

Lavanda

La lavanda desprende un aroma extremamente delicado, pero sus flores son robustas. Haga varias, póngalas en tallos hechos con alambre y colóquelas en un pequeño jarrón. Más de uno pensará que son flores de verdad.

TAMAÑO FINAL

La flor mide unos 5 cm de largo.

NECESITARÁ

- Giza Cotton 4ply de King Cole, 100 % algodón (158 m por ovillo de 50 g):
  Pequeñas cantidades de los colores 2412 Purple (A) y 2417 Sage (B)
- Aguja de ganchillo de 2,5 mm
- Alambre floral
- Aguja de tapicería
- Pegamento

TÉCNICAS

Punto bajo (p. b.)
Punto raso (p. r.)
Cadeneta (cad.)

Nota

La flor de lavanda se trabaja en hileras, que forman un cono. A continuación, se coloca en un tallo de alambre recubierto de hilo verde y se asegura con unas puntadas.

Flor (haga 3)

Con un ganchillo de 2,5 mm e hilo A, haga 11 cad.

Hilera 1: 1 p. b. en la 2.ª cad. desde la aguja, 1 p. b. en cada cad. hasta el final, dé la vuelta a la labor (10 p.).

Hilera 2: Trabajando en las laz. del., 2 cad., 1 p. r. en la base de las cad., *1 p. r. en el p. sig., 2 cad., 1 p. r. en el mismo p.; repita desde * 8 veces, dele la vuelta (10 bucles).

Hilera 3: 1 cad., 1 p. b. en las laz. del. hasta el final (10 p.).

Hileras 4-11: Repita 4 veces las hileras 2 y 3.

Remate la labor. Deje un cabo de 20 cm. Una la primera y la última hileras con un sobrehilado. Ciña un lado de la unión para formar la parte superior de la flor.

Tallo

Corte un trozo de alambre floral de unos 15 cm de largo. Enrolle hilo B alrededor del alambre hasta recubrirlo entero. Fije los extremos con un poquito de pegamento. Inserte un extremo del alambre en la flor. Cosa la base de la flor al alambre.

Muguete

Los muguetes huelen de maravilla, pero no son fáciles de cultivar. En lugar de ello, ¿por qué no crea su propia versión a ganchillo? Así podrá tener siempre un jarroncito con estas delicadas bellezas en su mesita de noche.

TAMAÑO FINAL

La flor mide unos 1,25 cm de ancho.

NECESITARÁ

- Catona de Scheepjes, 100 % algodón mercerizado (25 m por ovillo de 10 g):
    1 ovillo de color 106 Snow White (A)
    1 ovillo de color 515 Emerald (B)
- Aguja de ganchillo de 2,5 mm
- Aguja de ganchillo de 3 mm
- Aguja de tapicería
- Alambre floral
- Pegamento

TÉCNICAS

Anillo mágico
Punto alto (p. a.)
Punto medio alto (p. m. a.)
Punto bajo (p. b.)
Punto raso (p. r.)
Cadeneta (cad.)

Nota

La pequeña forma acampanada de la flor se trabaja en redondo y luego se cose al extremo del tallo de alambre recubierto de hilo verde.

Flor (haga 3)

Con un ganchillo de 2,5 mm e hilo A, haga un anillo mágico.

Vuelta 1: 3 cad., 5 p. a. en el centro del anillo, cierre con 1 p. r. encima de la 3.ª cad.

Vuelta 2: 2 cad., 1 p. r. en la base de las cad., *1 p. r. en el p. sig., 2 cad., 1 p. r. en el mismo p.; repita desde * 4 veces.

Remate la labor. Deje un cabo suelto y, con una aguja de tapicería, lleve el hilo hacia arriba atravesando el centro de la flor.

Tallo

Corte un trozo de alambre floral de unos 15 cm de largo y luego dos trozos de 6 cm. Enrolle hilo B alrededor de los trozos cortos hasta recubrirlos por completo.

Fije los extremos con un poquito de pegamento.

Guiándose por la fotografía, coloque los dos alambres cortos junto al largo. Empiece a enrollar el hilo alrededor del alambre largo por el extremo superior, cubriendo los trozos pequeños por el camino.

Por último, fije los extremos con un poquito de pegamento. Doble un poco el alambre para darle un aspecto más realista.

Utilice el cabo de hilo A del centro de cada flor para coser una en el extremo de cada alambre.

Hoja

Con un ganchillo de 3 mm e hilo B, haga 22 cad.

Hilera 1: 1 p. b. en la 2.ª cad. desde la aguja, 6 p. b., 2 p. m. a., 7 p. a., 3 p. m. a., 2 p. b., 1 cad., (ahora trabaje por el otro lado de la cad. base), 2 p. b., 3 p. m. a., 7 p. a., 2 p. m. a.

Hilera 2: Sáltese los primeros 7 p. b. de la vuelta 1, 1 cad. por delante de la hoja, 1 p. b. en el 1.er p. m. a., 13 p. b., 1 p. b. en la cad. de vuelta del extremo de la hoja, 14 p. b. para llegar al final. Remate la labor y esconda los cabos.

Inserte el tallo de la flor dentro del tallo de la hoja. Con un hilo del mismo color y una aguja de tapicería, cosa el tallo de la flor al centro de la hoja si prefiere mantenerlos juntos.

Calendula officinalis

Caléndula

Una flor alegre y llamativa que no puede faltar en el huerto: plántela siempre cerca de sus tomateras y otras hortalizas para mantenerlas libres de molestas plagas.

TAMAÑO FINAL

La flor mide unos 4 cm de ancho.

NECESITARÁ

- Catona de Scheepjes, 100 % algodón mercerizado (25 m por ovillo de 10 g):
  - 1 ovillo de color 281 Tangerine (A)
  - 1 ovillo de color 515 Emerald (B)
- Aguja de ganchillo de 2,5 mm
- Aguja de tapicería

TÉCNICAS

Anillo mágico
Punto medio alto (p. m. a.)
Punto bajo (p. b.)
Punto raso (p. r.)
Cadeneta (cad.)

Nota

La flor se trabaja en redondo, pero los pétalos se crean tejiendo en las cadenetas que salen del centro.

Flor

Con un ganchillo de 3 mm e hilo A, haga un anillo mágico.

Vuelta 1: 1 cad., 5 p. b. en el centro del anillo, cierre con 1 p. r. Remate el hilo A.

Vuelta 2: Empezando por los pétalos inferiores, incorpore el hilo B con 1 p. r., (2 cad., 2 p. m. a. en la base de las cad., 2 cad., 1 p. r. en el p. sig.), (2 cad., 2 p. m. a., 1 p. b., 2 p. m. a. en el mismo p., 2 cad., 1 p. r. en el p. sig.), (2 cad., 2 p. m. a. en el mismo p., 2 cad., 1 p. r. en el p. sig.), *(3 cad., 5 p. a. d. en la base de las cad., 3 cad., 1 p. r. en el mismo p.), 1 p. r. en el p. sig., repita desde *. Remate el hilo B (5 pétalos).

Vuelta 3: Incorpore el hilo C en el 1.er p. r., (2 cad., 2 p. b. en cada uno de los sig. 2 p., 2 cad., 1 p. r. encima del p. r. de la vuelta 2) (2 cad., 2 p. b. en cada uno de los sig. 2 p., 1 p. b., 2 p. b. en cada uno de los sig. 2 p., 2 cad., 1 p. r. encima del p. r. de la vuelta 2), (2 cad., 2 p. b. en cada uno de los sig. 2 p., 2 cad., 1 p. r. en el p. sig. Remate el hilo C. Incorpore el hilo B en la laz. tras. del último p. de la vuelta 2, (3 cad., 2 p. b. en cada uno de los sig. 5 p., 3 cad., 1 p. r. encima del p. r. de la vuelta 2, (3 cad., 2 p. b. en cada uno de los sig. 5 p., 3 cad., 1 p. r. en la laz. tras. del 1.er p. de la vuelta 2. Remate la labor y esconda los cabos (5 pétalos).

Montaje

Coloque los pétalos de manera que los superiores, más grandes, queden por detrás de los tres pétalos inferiores.

Primula vulgaris

Flor de san José

Esta flor tan bella expresa muy bien el optimismo de la primavera. Crece en setos y jardines, y tiene un delicado tono amarillo único.

TAMAÑO FINAL

La flor mide unos 4 cm de ancho.

NECESITARÁ

◆ Giza Cotton 4ply de King Cole, 100 % algodón (158 m por ovillo de 50 g):
   Pequeñas cantidades de los colores 4781 Cowslip (A) y 2200 Amber (B)
◆ Aguja de ganchillo de 2,5 mm
◆ Aguja de tapicería

TÉCNICAS

Anillo mágico
Punto medio alto (p. m. a.)
Punto bajo (p. b.)
Punto alto (p. a.)
Punto alto doble (p. a. d.)
Punto raso (p. r.)
Cadeneta (cad.)

Nota

Esta flor se trabaja en redondo, cambiando de color después de la primera vuelta.

Flor (haga 3)

Con un ganchillo de 2,5 mm e hilo A, haga un anillo mágico.

Vuelta 1: 1 cad., 5 p. b. en el centro del anillo. Remate A.

Vuelta 2: Cambie al hilo B incorporándolo con 1 p. r., *(2 cad., 1 p. a., 1 p. a. d., 1 p. m. a., 1 p. a. d., 1 p. a., 2 p. a. d., 1 p. r.) en el mismo p., 1 p. r. en el p. sig.; repita desde * 4 veces (5 pétalos).

Remate la labor y esconda los cabos.

∿∿∿∿∿∿∿∿∿∿

Rosa

Estas clásicas flores de jardín se relacionan con el amor y forman ramos maravillosos. Teja varias en diferentes tonalidades del mismo color para obtener un resultado realista.

TAMAÑO FINAL

La flor mide unos 6,5 cm de ancho.

NECESITARÁ

- Snuggly Replay DK (ligero) de Sirdar, 50 % acrílico y 50 % algodón (150 m por ovillo de 50 g):
  Una pequeña cantidad de color 106 Blast-off Berry (A)
- Aguja de ganchillo de 3 mm
- Aguja de tapicería

TÉCNICAS

Punto alto (p. a.)
Punto alto doble (p. a. d.)
Punto alto triple (p. a. t.)
Punto bajo (p. b.)
Punto raso (p. r.)
Cadeneta (cad.)

Nota

La flor se trabaja en hileras y luego los pétalos se enrollan para crear la clásica forma de la rosa, que se fija cosiendo la cadeneta base.

Rosa grande

Con un ganchillo de 3 mm e hilo A, haga 66 cad.

Hilera 1: 1 p. a. en la 4.ª cad. desde la aguja, 1 p. a. en el p. sig., 2 cad., 1 p. r. en el p. sig., 3 cad., 2 p. a., 2 cad., 1 p. r. en el p. sig., 4 cad., 4 p. a. d., 3 cad., 1 p. r. en el p. sig., 4 cad., 6 p. a. d., 3 cad., 1 p. r. en el p. sig., *(5 cad., 8 p. a. t., 4 cad., 1 p. r. en el p. sig.); repita desde * 4 veces, dé la vuelta a la labor (9 pétalos).

Hilera 2: *(4 cad., 4 p. b., 2 p. b. en el p. sig., 3 p. b., 5 cad., 1 p. r. encima del p. r. de la hilera 1); repita desde * 4 veces, 3 cad., 3 p. b., 2 p. b. en el mismo p., 2 p. b., 4 cad., 1 p. r. encima del p. r. de la hilera 1, 3 cad., 2 p. b., 2 p. b. en el mismo p., 1 p. b., 4 cad., 1 p. r. encima del p. r. de la hilera 1, 2 cad., 2 p. b., 3 cad., 1 p. r. encima del p. r. de la hilera 1, 2 cad., 2 p. b., 3 cad., 1 p. r. encima del p. r. de la hilera 1. Remate la labor y esconda los cabos.

Rosa pequeña

Con un ganchillo de 3 mm e hilo A, haga 30 cad.

Hilera 1: 1 p. a. en la 4.ª cad. desde la aguja, 1 p. a. en el p. sig., 2 cad., 1 p. r. en el p. sig., 3 cad., 2 p. a., 2 cad., 1 p. r. en el p. sig., 4 cad., 4 p. a. d., 3 cad., 1 p. r. en el p. sig., 4 cad., 6 p. a. d., 3 cad., 1 p. r. en el p. sig., 5 cad., 8 p. a. t., 4 cad., 1 p. r. en el p. sig., dé la vuelta a la labor (5 pétalos).

Hilera 2: 4 cad., 4 p. b., 2 p. b. en el mismo p., 3 p. b., 5 cad., 1 p. r. encima del p. r. de la hilera 1, 3 cad., 3 p. b., 2 p. b. en el mismo p., 2 p. b., 4 cad., 1 p. r. encima del p. r. de la hilera 1, 3 cad., 2 p. b., 2 p. b. en el mismo p., 1 p. b., 4 cad., 1 p. r. encima del p. r. de la hilera 1, 2 cad., 2 p. b., 3 cad., 1 p. r. encima del p. r. de la hilera 1. Remate la labor y esconda los cabos.

Montaje

Comenzando por el pétalo más pequeño, enrolle la labor mientras la va fijando con pequeñas puntadas.

Montaje

Comenzando por el pétalo más pequeño, enrolle la labor mientras la va fijando con pequeñas puntadas.

Galanthus

Campanilla de invierno

La campanilla de invierno es una de las plantas más resistentes. Como su nombre sugiere, florece durante el frío invierno antes de que otras plantas se atrevan a asomarse. Haga varias para añadirlas a su corona de Navidad; casi nadie se dará cuenta de que están hechas de hilo.

TAMAÑO FINAL

La flor mide unos 4 cm de largo.

NECESITARÁ

- Catona de Scheepjes, 100 % algodón mercerizado (25 m por ovillo de 10 g):
    - 1 ovillo de color 106 Snow White (A)
    - 1 ovillo de color 515 Emerald (B)
- Aguja de ganchillo de 2,5 mm
- Aguja de ganchillo de 3 mm
- Aguja de tapicería
- Alambre floral
- Pegamento

TÉCNICAS

Anillo mágico
Punto alto (p. a.)
Punto medio alto (p. m. a.)
Punto bajo (p. b.)
Punto raso (p. r.)
Cadeneta (cad.)

Nota

Los pétalos internos y externos se trabajan en redondo y, al final, se cosen al ovario y a la espata.

Flor interior

Con un ganchillo de 2,5 mm e hilo
A, haga un anillo mágico.

Vuelta 1: 3 cad., 5 p. a. en el centro
del anillo, cierre con 1 p. r. encima
de la 3.ª cad.

Vuelta 2: 2 cad., 1 p. r. en la base de
las cad., *1 p. r. en el p. sig., 2 cad.,
1 p. r. en el mismo p.; repita desde
* 4 veces.

Remate la labor. Deje un cabo suelto
y, con una aguja de tapicería, lleve
el hilo hacia arriba atravesando el
centro de la flor.

Con un trozo de hilo B de 20 cm
y una aguja de tapicería, haga un
sobrehilado con pequeñas puntadas
en el borde de la flor. Remate la
labor y esconda los cabos.

Pétalos

Con un ganchillo de 3 mm e hilo A,
haga un anillo mágico.

Vuelta 1: 1 cad., 6 p. b. en el centro
del anillo, 1 p. r. en el 1.er p. b.
(6 p. b.).

Vuelta 2: *(4 cad., 3 p. a. d. jun.,
4 cad. 1 p. r.) en el mismo p., 1 p. r.;
repita desde * 2 veces (3 pétalos).
Remate la labor dejando un cabo
suelto.

Ovario verde

Con un ganchillo de 3 mm e hilo B, haga un anillo mágico.

Vuelta 1: 2 cad., 1 piña de 3 p. m. a. en el centro del anillo. Remate la labor y esconda los cabos.

Espata

Con un ganchillo de 3 mm e hilo B, haga 4 cad.

Hilera 1: 1 p. r. en la 2.ª cad. desde la aguja, 2 p. r. Remate la labor.

Tallo

Corte un trozo de alambre floral de unos 12 cm de largo. Enrolle hilo B alrededor del alambre hasta cubrir 3 cm, después coloque la espata junto al alambre y recubra el extremo con el hilo. Siga enrollando el hilo hasta recubrir todo el alambre. Fije los extremos con un poquito de pegamento.

Montaje

Guiándose por la fotografía, cosa los pétalos internos dentro de los 3 pétalos grandes. Después, cosa el centro de los 3 pétalos a la base del ovario. Cosa la parte superior del ovario al extremo del alambre. Utilice un poquito de pegamento para fijarlo todo bien.

~~~~~~~~~~

Siempreviva

Este patrón es estupendo: resulta sencillo y práctico de hacer,
y permite crear una amplia gama de coloridas flores en poco tiempo.
Las siemprevivas o flores de papel son ideales para hacer arreglos de flor
seca, pues mantienen el color y el aspecto vívido bien entrado el invierno.

TAMAÑO FINAL

La flor mide unos 4 cm de ancho.

NECESITARÁ

- Catona de Scheepjes, 100 % algodón
  mercerizado (62 m por ovillo de 25 g):
    1 ovillo de color 238 Powder Pink (A)
    1 ovillo de color 519 Fresia (B)
    1 ovillo de color 101 Candle Light (C)
- Aguja de ganchillo de 2,5 mm
- Tenedor de postre
- Aguja de tapicería

TÉCNICAS

Anillo mágico
Punto bajo (p. b.)
Punto raso (p. r.)
Cadeneta (cad.)

Nota

*Esta flor tan estupenda se
hace con un pompón (véase
la página 155). Al final de todo,
se cose el polen de ganchillo
en el centro del pompón.*

Flor

Haga un pompón (*véase* la página 155) enrollando hilo A en un tenedor de postre unas 8 veces, más o menos en el centro de las púas. Después, enrolle hilo B unas 20 veces cubriendo el hilo A y bajando hasta el final de las púas. Átelo por el centro con un trozo de hilo de 10 cm y luego corte los lados del hilo enrollado. Aplane el pompón de manera que el hilo de color A quede en el centro.

Polen

Con un ganchillo de 2,5 mm e hilo C, haga un anillo mágico.
Hilera 1: 1 cad., 6 p. b. en el centro del anillo, cierre con 1 p. r.
Remate la labor dejando un cabo largo.

Montaje

Cosa el polen en el centro de la flor; si lo desea, utilice un poco de pegamento. Con una tijeras afiladas, arregle los bordes de la flor.

~~~~~~~~~~~~~~~~~~

Girasol

Sin duda, esta es la flor más alegre de todas. Nos regala deliciosas pipas y unas vistas preciosas de los campos en los que crece. Esta flor tiene un centro que sobresale ligeramente y se completa con un cáliz verde que se cose en el dorso.

TAMAÑO FINAL

La flor mide unos 9 cm de ancho.

NECESITARÁ

- Special DK (ligero) de Stylecraft, 100 % acrílico (295 m por ovillo de 100 g):
  Pequeñas cantidades de los colores 1054 Walnut (A), 1856 Dandelion (B) y 1852 Apple (C)
- Aguja de ganchillo de 3 mm
- Aguja de tapicería
- Relleno de poliéster

TÉCNICAS

Anillo mágico
Punto bajo (p. b.)
Punto alto doble (p. a. d.)
Puntos bajos cruzados (2 p. b. cruzados)
Punto raso (p. r.)
Cadeneta (cad.)

Nota

La flor se teje en redondo con la técnica estándar de los amigurumis y con puntos bajos cruzados (véase la página 150).

Centro de la flor

Con un ganchillo de 3 mm e hilo A, haga un anillo mágico. Para tejer los pares de puntos bajos de las vueltas 2-6, haga puntos bajos cruzados (*véase* la página 150).

Vuelta 1: 1 cad., 8 p. b. en el centro del anillo, cierre con 1 p. r.

Vuelta 2: (2 p. b. en cada p.) 8 veces (16 p.).

Vuelta 3: (1 p. b., 2 p. b. en el p. sig.) 8 veces (24 p.).

Vuelta 4: (2 p. b., 2 p. b. en el p. sig.) 8 veces (32 p.).

Vueltas 5 y 6: Teja 1 p. b. en cada p. Remate el hilo A.

Vuelta 7: Cambie al hilo B incorporándolo con 1 p. r. y, trabajando en las laz. tras., teja *(1 p. a., 2 p. a. d., 2 cad., 1 p. r. en la 1.ª cad.) en el p. sig., (2 p. a. d., 1 p. a.) en el p. sig., 1 p. r. en cada uno de los sig. 2 p.; repita desde * 7 veces (8 pétalos). Remate la labor. Deje un cabo suelto.

Cáliz

Con un ganchillo de 3 mm e hilo C, haga un anillo mágico.

Vuelta 1: 1 cad., 8 p. b. en el centro del anillo, cierre con 1 p. r.

Vuelta 2: (2 p. b. en cada p.) 8 veces (16 p.).

Vuelta 3: (1 p. b., 2 p. b. en el p. sig.) 8 veces (24 p.).

Vuelta 4: (2 p. b., 2 p. b. en el p. sig.) 8 veces (32 p.).

Remate la labor. Deje un cabo suelto.

Montaje

Esconda los cabos del centro y de los pétalos. Ponga un poquito de relleno detrás del centro. Coloque el cáliz encima del relleno y utilice el cabo para coserlo a los puntos de la base de los pétalos con un sobrehilado.

Guisante de olor

La flor del guisante es una de las más queridas del verano. Desprende un nostálgico aroma perfumado y tiene pétalos finos como el papel. Haga un ramo de flores de varios colores para alegrar su hogar durante todo el año.

TAMAÑO FINAL

La flor mide unos 4 cm de ancho.

NECESITARÁ

- Catona de Scheepjes, 100 % algodón mercerizado (25 m por ovillo de 10 g):
    1 ovillo de color 519 Fresia (A)
    1 ovillo de color 515 Emerald (B)
    Para hacer las otras flores, sustituya el color A por 226 Light Orchid
- Aguja de ganchillo de 2,5 mm
- Alambre floral
- Aguja de tapicería
- Pegamento

TÉCNICAS

Anillo mágico
Punto medio alto (p. m. a.)
Punto alto (p. a.)
Punto bajo (p. b.)
Punto raso (p. r.)
Cadeneta (cad.)

Nota

La flor se trabaja en redondo, pero se le añade una hilera para crear el pétalo más grande.

Pétalos

Con un ganchillo de 3 mm e hilo A, haga un anillo mágico.

Vuelta 1: (3 cad., 6 p. a., 3 cad., 1 p. r. en el centro del anillo) para formar el gran pétalo superior, (2 cad., 3 p. a., 2 cad., 1 p. r. en el centro del anillo) 2 veces (3 pétalos).

Vuelta 2: 2 cad., (3 p. m. a. en el p. sig.) 6 veces, 2 cad., 1 p. r. en el centro, (2 cad., 2 p. m. a. en cada uno de los 3 p. sig., 2 cad., 1 p. r. en el centro del anillo) 2 veces (3 pétalos).

La vuelta siguiente solo se trabaja en el pétalo superior, el más grande.

Vuelta 3: 3 cad., (2 p. b. en el p. sig.) 18 veces.

Remate la labor y esconda los cabos. Coloque los pétalos de manera que el más grande quede arriba. Junte los más pequeños y ponga un poquito de pegamento entre ellos para que se mantengan unidos.

Tallo

Corte un trozo de alambre floral de unos 17 cm de largo. Enrolle hilo B alrededor del alambre hasta cubrirlo entero. Fije los extremos con un poquito de pegamento.

Montaje

Cosa la flor a un extremo del alambre.

~~~~~~~~~~~~~~~~~

Cardo

Si quiere arrancar un cardo de su jardín, tendrá que ir con mucho cuidado, pero para hacer esta pequeña y singular belleza silvestre solo tendrá que seguir la eficaz técnica de hacer pompones.

TAMAÑO FINAL

La flor y el tallo miden unos 5 cm de largo.

NECESITARÁ

- Catona de Scheepjes, 100 % algodón mercerizado (62 m por ovillo de 25 g):
    - 1 ovillo de color 515 Emerald (A)
    - 1 ovillo de color 251 Garden Rose (B)
- Aguja de ganchillo de 3 mm
- Tenedor de postre
- Alambre floral
- Aguja de tapicería
- Pegamento

TÉCNICAS

Anillo mágico
Punto bajo (p. b.)
Punto raso (p. r.)
Cadeneta (cad.)

Nota

Los pétalos de esta flor se hacen con un pompón (véase el método en la página 155), mientras que el involucro, la base verde en la que reposan los pétalos, se teje a ganchillo.

Base

Con un ganchillo de 3 mm e hilo A, haga un anillo mágico.

Vuelta 1: 1 cad., 6 p. b. en el centro del anillo, cierre con 1 p. r.

Vueltas 2 y 3: 1 p. b. en cada p. hasta el final (6 p.).

Vuelta 4: (2 p. b., 2 p. b. en el p. sig.) 2 veces (8 p.).

Deje un cabo suelto.

Flor

Haga un pompón (*véase* la página 155) enrollando hilo B en un tenedor de postre unas 20 veces. Átelo por el centro con un trozo de hilo de 10 cm y luego corte los lados del hilo enrollado. Utilizando el trozo de hilo central, junte las hebras para formar los esponjosos pétalos del cardo. Con la aguja de tapicería, cosa la flor al interior de la base haciendo unas puntadas pequeñas.

Montaje

Fije los extremos con un poquito de pegamento. Cosa la flor a un extremo del alambre recubierto de hilo.

Tulipán

Tener un ramo de tulipanes en casa siempre nos hace muy felices. Nos encantan sus colores y su increíble forma, e incluso nos parecen más bonitos a medida que maduran en el jarrón. Con este patrón, puede juntar los pétalos con pegamento para formar flores cerradas o dejar que se abran hacia fuera para darles un aspecto más realista.

TAMAÑO FINAL

La flor mide unos 6 cm de largas.

NECESITARÁ

- Catona de Scheepjes, 100 % algodón mercerizado (25 m por ovillo de 10 g):
  1 ovillo de color 519 Fresia (A)
  1 ovillo de color 245 Green Yellow (B)
  Para hacer los otros tulipanes, sustituya el hilo A por 414 Vintage Peach o 192 Scarlet
- Aguja de ganchillo de 3 mm
- Brochetas de bambú de 30 cm de largo
- Aguja de tapicería
- Pegamento

TÉCNICAS

Anillo mágico
Punto medio alto (p. m. a.)
Punto alto (p. a.)
Punto bajo (p. b.)
Punto raso (p. r.)
Cadeneta (cad.)

Nota

Los pétalos se crean trabajando en ambos lados de una cadeneta base central.

Pétalos pequeños
(haga 3)

Con un ganchillo de 3 mm e hilo A, haga 13 cad.

Hilera 1: 1 p. m. a. en la 3.ª cad. desde la aguja, 8 p. m. a., 1 p. b., 3 p. b. en la última cad., (ahora trabaje por el otro lado de la cad. base), 1 p. b., 9 p. m. a.

Hilera 2: 4 cad. por delante de la hoja, 1 p. m. a. en el 1.er p. m. a., 8 p. m. a., 4 p. b., (ahora trabaje por el otro lado de la cad. base), 1 p. b. en el p. b., 9 p. m. a., 2 cad., 1 p. r. en la 2.ª de las cad. iniciales de la hilera. Remate la labor dejando un cabo largo.

Pétalos grandes
(haga 4)

Con un ganchillo de 3 mm e hilo A, haga 15 cad.

Hilera 1: 1 p. m. a. en la 3.ª cad. desde la aguja, 10 p. m. a., 1 p. b., 3 p. b. en la última cad., (ahora trabaje por el otro lado de la cad. base), 1 p. b., 11 p. m. a.

Hilera 2: 4 cad. por delante de la hoja, 1 p. m. a. en el 1.er p. m. a., 10 p. m. a., 4 p. b., (ahora trabaje por el otro lado de la cad. base), 1 p. b. en el p. b., 11 p. m. a., 2 cad., 1 p. r. en la 2.ª de las cad. iniciales de la hilera. Remate la labor dejando un cabo largo.

Cáliz

Con un ganchillo de 3 mm e hilo B, haga un anillo mágico.

Vuelta 1: 1 cad., 6 p. b. en el centro del anillo, cierre con 1 p. r.

Vueltas 2-4: Teja 1 p. b. en cada p. (6 p.). Ponga un poquito de pegamento dentro del cáliz y colóquelo en la parte superior de la brocheta de bambú. Enrolle el hilo alrededor de la brocheta, ciñéndolo bien, hasta recubrirla entera. Fije los extremos con un poquito de pegamento.

Montaje

Primero coloque la base de un pétalo pequeño encima del cáliz y fíjela con algunas puntada. Añada los otros dos pétalos solapando uno de los bordes. Después, ponga los 4 pétalos grandes alrededor. Para asegurarse de que se aguantan bien y la flor mantiene su forma, puede añadir un poco de pegamento en la base y en los bordes de los pétalos.

Viola

Violeta

Estas florecillas dan vida al jardín desde el otoño hasta principios de primavera. Las hay de muchas combinaciones de colores, así que diviértase creando su propia variedad.

TAMAÑO FINAL

La flor mide unos 3 cm de ancho.

NECESITARÁ

- Giza Cotton 4ply de King Cole, 100 % algodón (158 m por ovillo de 50 g):
  Pequeñas cantidades de los colores 4781 Cowslip (A), 2204 Orange (B) y 2412 Purple (C)
  Haga otras combinaciones de colores sustituyendo los hilos B y C por 2198 Bluebell; también puede utilizar el color 2201 Black para bordar algunas líneas cortas en los pétalos de la violeta.
- Aguja de ganchillo de 2,5 mm
- Aguja de tapicería

TÉCNICAS

Anillo mágico
Punto medio alto (p. m. a.)
Punto bajo (p. b.)
Punto alto doble (p. a. d.)
Punto raso (p. r.)
Cadeneta (cad.)

Nota

Esta flor se teje en redondo: los pétalos frontales se trabajan en la lazada delantera de la vuelta 1 y los de detrás en las lazadas traseras.

Flor

Con un ganchillo de 2,5 mm e hilo A, haga un anillo mágico.

Vuelta 1: 1 cad., 5 p. b. en el centro del anillo, cierre con 1 p. r. Remate el hilo A.

Pétalos frontales

Vuelta 2: Incorpore el hilo B con 1 p. r. en la laz. del. de cualquier p., (2 cad., 1 p. m. a. en la base de la cad., 1 p. m. a., 2 cad., 1 p. r. en el mismo p., 1 p. r. en el p. sig.), (2 cad., 3 p. m. a. en el mismo p., 2 cad., 1 p. r. en el p. sig.), (2 cad., 1 p. m a. en el mismo p., 1 p. m. a. en el p. sig., 2 cad., 1 p. r. en el mismo p., 1 p. r. en el p. sig. (3 pétalos).

Vuelta 3: (2 cad., 2 p. b. en cada uno de los 2 p. sig., 2 cad., 1 p. r. encima del p. r. de la vuelta 2, 1 p. r. en el sig. p. r.), (2 cad., 2 p. b. en cada uno de los sig. 3 p., 2 cad., 1 p. r. encima del p. r. de la vuelta 2), (2 cad., 2 p. b. en cada uno de los sig. 2 p., 2 cad., 1 p. r. en el p. sig. Remate la labor y esconda los cabos (3 pétalos).

Pétalos de detrás

Vuelta 1: Cambie al hilo C, incorporándolo con 1 p. r. en la laz. tras. del último p. de la vuelta 1, (3 cad., 4 p. a. d., 3 cad., 1 p. r. en el mismo p., 1 p. r. en el p. sig.), (3 cad., 4 p. a. d. en el mismo p., 3 cad., 1 p. r. en el mismo p.) 2 pétalos). Remate la labor y esconda los cabos.

Montaje

Si lo desea, utilice un poco de hilo negro para bordar pequeños detalles en los pétalos frontales de la flor.

Cómo hacer ganchillo

Toda la información que pueda necesitar para tejer bonitas flores la encontrará a continuación. Tanto si es principiante como experto en hacer ganchillo, descubrirá trucos y consejos muy útiles para dar vida a sus creaciones.

Materiales

Hágase con el material necesario para tejer,
muy fácil de encontrar, y observe cómo crece
su colección de flores.

AGUJAS DE GANCHILLO

Hay agujas de ganchillo de varios materiales y
tamaños. La mayoría de los proyectos de este libro
son bastante pequeños, así que he utilizado agujas
de entre 2,5 y 3 mm. Cuando tejo con agujas de
este calibre, me gusta que sean ergonómicas y
con punta metálica. Las más grandes, como las de
8 y 9 mm, suelen fabricarse de plástico o madera.

HILO

La clave para obtener flores realistas está en
encontrar un hilo que reproduzca sus colores
y texturas. En la mayoría de los proyectos he
utilizado los maravillosos hilos Catona, de
Scheepjes, que tienen 3 cabos y están disponibles
en ovillos de 10 g, ideales para labores como
estas. Si lo desea, también puede emplear hilos
que tenga en casa o restos que le hayan sobrado
de otros proyectos.

RELLENO DE POLIÉSTER

He dado volumen a la flores con relleno
para peluches Minicraft Supersoft. El
material cumple con los estándares
BS145, BN5852 y EN71, y es seguro
para niños. Asegúrese de rellenar
las flores de manera que queden firmes
pero no exageradamente abultadas, ya que eso
distorsionaría el aspecto general de la planta.

AGUJAS DE COSER

Para completar los
proyectos también
necesitará agujas de
coser, como una aguja
de tapicería para esconder
los cabos y bordar detalles.

BROCHETAS DE MADERA

He utilizado brochetas de madera para crear los tallos rectos de los tulipanes (*véase* la página 128).

ALAMBRE FLORAL

El alambre floral va muy bien para crear las hojas y los tallos curvados de las flores, ya que se puede doblar y manipular con el fin de darles un aspecto lo más natural posible. En algunos de los proyectos, se enrolla hilo alrededor del alambre hasta recubrirlo entero (*véanse*, por ejemplo, el jacinto de los bosques, en la página 24, y el clavel, en la página 52). En otros casos, hay que tejer alrededor del alambre (*véase* el jacinto, en la página 76).

Consejo

Hasta los tejedores más experimentados deben comprobar que llevan el número correcto de puntos o hileras. En lugar de usar costosos marcadores de puntos, yo simplemente corto un trocito de hilo, de unos 5 cm, y lo coloco entre el último punto de una vuelta y el primero de la siguiente. Una vez acabada la labor, estos hilos pueden retirarse con facilidad, sin afectar los puntos. Esto es especialmente importante cuando se teje al estilo de los amigurumis.

ABREVIATURAS

2 p. b. en el mismo p.	2 puntos bajos tejidos en el mismo punto (para augmentar 1 punto)
2 p. b. jun.	2 p. b. cerrados juntos (para disminuir 1 punto)
3 p. b. jun.	3 p. b. cerrados juntos (para disminuir 2 puntos)
cad.	cadeneta
cm	centímetros
D.	derecho de la labor
e. h.	eche hebra sobre la aguja
esp.	espacio
esp. de cad.	espacio de cadeneta
g	gramos
jun.	cerrados juntos
laz.	lazada
laz. del.	solo en la lazada delantera
laz. tras.	solo en la lazada trasera
m	metros
mm	milímetros
p.	punto
p. a.	punto alto
p. a. d.	punto alto doble
p. a. t.	punto alto triple
p. b.	punto bajo
p. m. a.	punto medio alto
p. r.	punto raso
R.	revés de la labor
sig.	siguiente

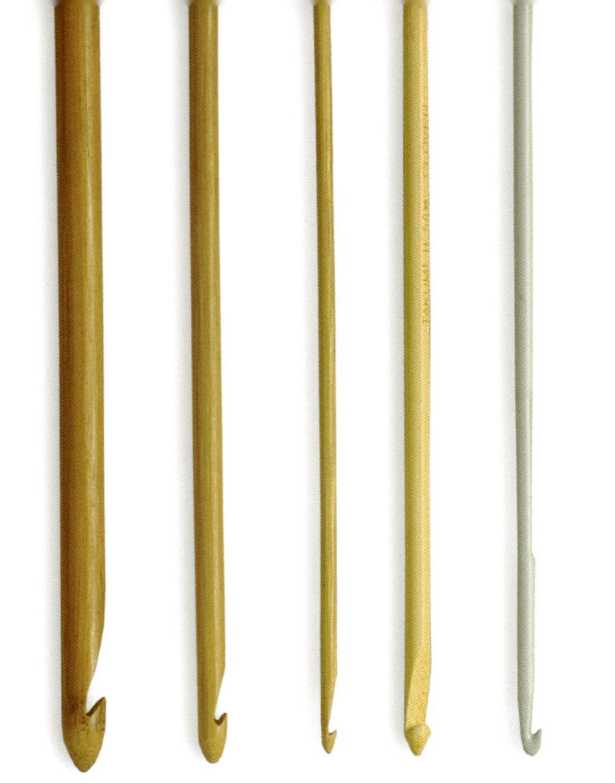

SINÓNIMOS DE LOS PUNTOS

Los puntos de ganchillo se conocen con diferentes nombres. Para evitar confusiones, asegúrese de comprender cómo se llaman en el patrón que va a seguir. No hay nada más frustrante que trabajar un patrón y luego darse cuenta de que nos hemos equivocado y tener que deshacer la labor. A continuación, especificamos las denominaciones empleadas en este libro junto con otras habituales.

En este libro	Otras denominaciones
Cadeneta	Cadenilla, punto de cadena, punto al aire
Punto alto	Punto vareta
Punto alto doble	Punto vareta doble
Punto bajo	Medio punto
Punto medio alto	Medio punto alto, punto media vareta
Punto raso	Punto enano, corrido, deslizado, bajísimo

CONVERSIONES

Tamaños de las agujas de ganchillo

Reino Unido	Sistema métrico	EE. UU.
14	2 mm	–
13	2,25 mm	B/1
12	2,5 mm	–
–	2,75 mm	C/2
11	3 mm	–
10	3,25 mm	D/3
9	3,5 mm	E/4
–	3,75 mm	F/5
8	4 mm	G/6
7	4,5 mm	7
6	5 mm	H/8
5	5,5 mm	I/9
4	6 mm	J/10
3	6,5 mm	K/10,5
2	7 mm	–
0	8 mm	L/11
00	9 mm	M-N/13
000	10 mm	N-P/15

Técnicas de ganchillo

En esta sección aprenderá la técnicas básicas que necesitará para confeccionar los proyectos. Algunas requieren un poco de práctica, pero una vez las aprenda podrá añadir texturas y adornos a sus flores de ganchillo.

CÓMO HACER UN NUDO CORREDIZO O DESLIZADO

Enróllese el hilo alrededor de dos dedos para formar un bucle. Pase otro bucle a través del primero y tire de él con el ganchillo. Tire de los hilos suavemente para ajustar el nudo a la aguja.

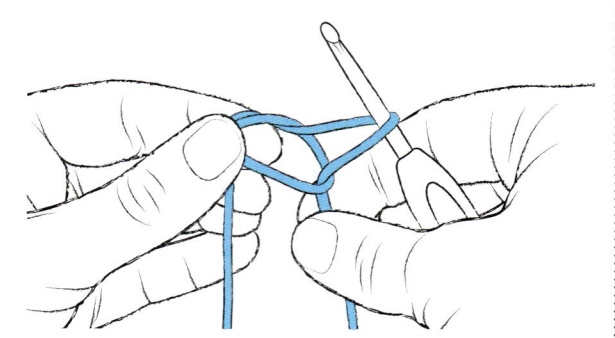

CÓMO SOSTENER EL HILO

Enróllese el hilo en el meñique de la mano que no utiliza para sujetar la aguja y luego páselo por la mano. Puede sostener el cabo entre el dedo corazón y el pulgar y utilizar el índice para controlar la tensión del hilo.

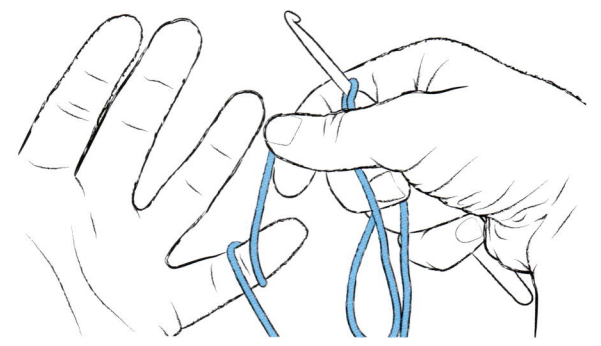

CÓMO SOSTENER EL GANCHILLO

Sujete la aguja con la mano derecha o izquierda como si fuera un lápiz, entre el índice y el pulgar.

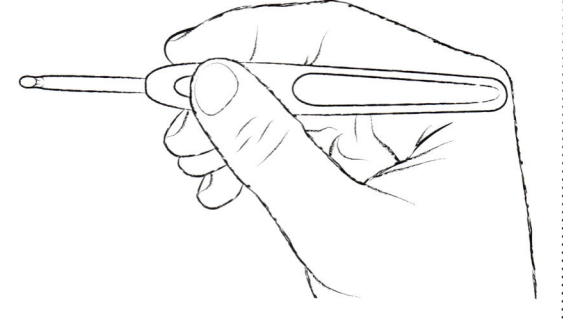

CADENETA (CAD.)

1   Primero haga un nudo corredizo.

2   Eche hebra sobre la aguja.

3   Saque la lazada a través del bucle
    del nudo corredizo para formar una
    cadeneta.

PUNTO RASO (P. R.)

Este punto es ideal para añadir adornos
y unir dos piezas de ganchillo.

1   Introduzca el ganchillo en el punto y
    eche hebra sobre la aguja.

2   Saque la lazada a través del punto y por
    la lazada de la aguja. Haga el número
    indicado de puntos rasos del mismo
    modo.

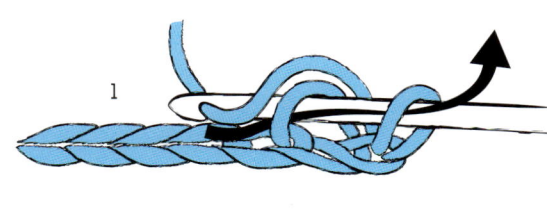

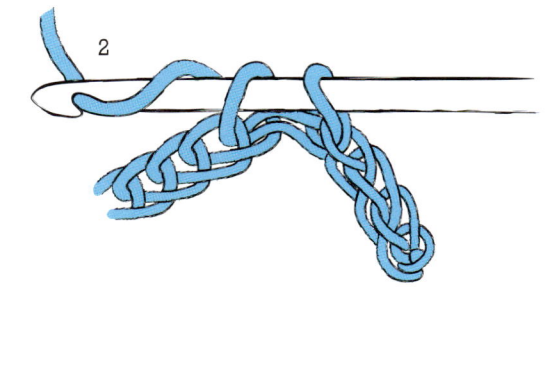

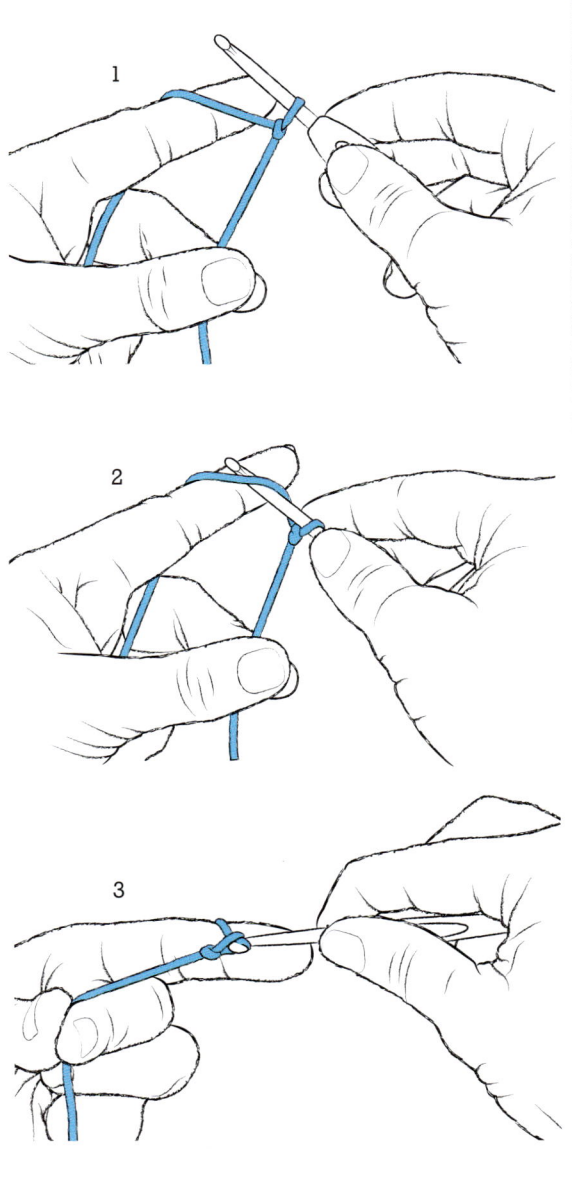

PUNTO BAJO (P. B.)

1 Introduzca el ganchillo en el punto, eche hebra sobre la aguja y sáquela a través del punto. Debería tener dos lazadas en la aguja.

2 Eche hebra y sáquela por las dos lazadas del ganchillo. Debería tener una lazada en la aguja.

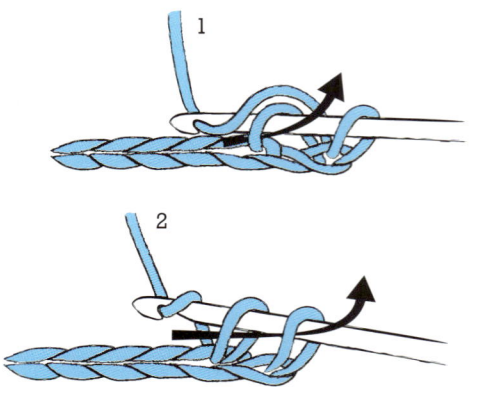

PUNTO ALTO (P. A.)

1 Eche hebra sobre la aguja e introduzca el ganchillo en el punto. Eche hebra y sáquela por el punto.

2 Vuelva a echar hebra y sáquela por dos lazadas. Debería tener dos lazadas en la aguja.

3 Vuelva a echar hebra y sáquela por las dos lazadas restantes. Debería quedarle una lazada en la aguja.

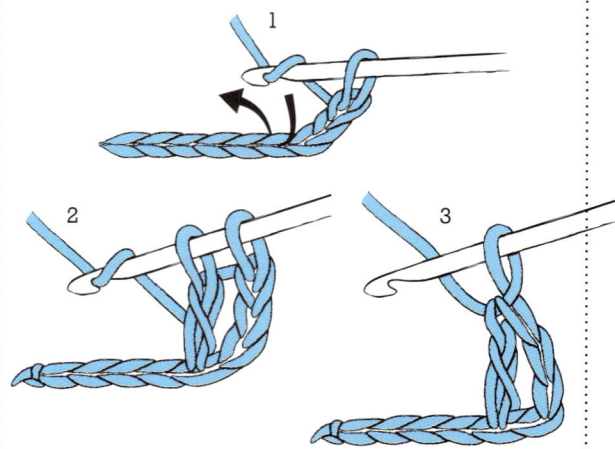

PUNTO MEDIO ALTO (P. M. A.)

1 Eche hebra sobre la aguja, introduzca el ganchillo en el punto, eche hebra y sáquela a través del punto. Debería tener tres lazadas en la aguja.

2 Vuelva a echar hebra y sáquela por todas las lazadas del ganchillo. Debería tener una lazada en la aguja.

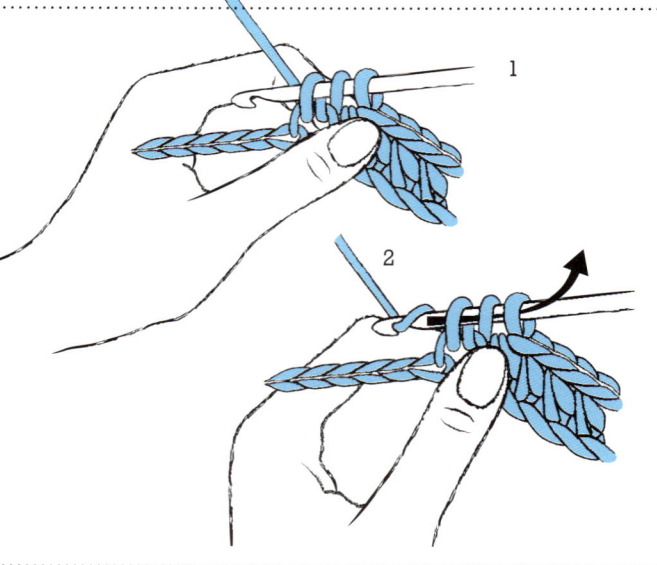

PUNTO ALTO DOBLE (P. A. D.)

1 Eche hebra sobre la aguja dos veces, introduzca el ganchillo en el punto, eche hebra y sáquela a través del punto. Debería tener cuatro lazadas en la aguja.

2 Eche hebra y sáquela por dos lazadas. Debería tener tres lazadas en la aguja.

3 Vuelva a echar hebra y sáquela por dos lazadas. Debería tener dos lazadas en la aguja.

4 Eche hebra y sáquela por las dos lazadas restantes. Debería tener una lazada en la aguja.

Para tejer un punto alto triple (p. a. t), eche hebra sobre la aguja tres veces antes de introducir el ganchillo en el punto, echar hebra y sacarla a través del punto. Tendrá cinco puntos en la aguja. Siga los pasos del p. a. d. hasta que solo le quede una lazada en la aguja.

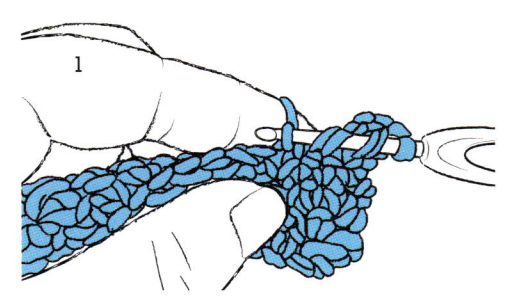

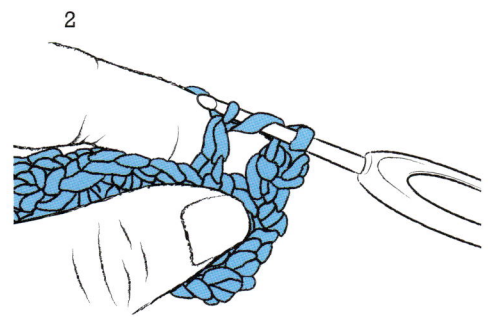

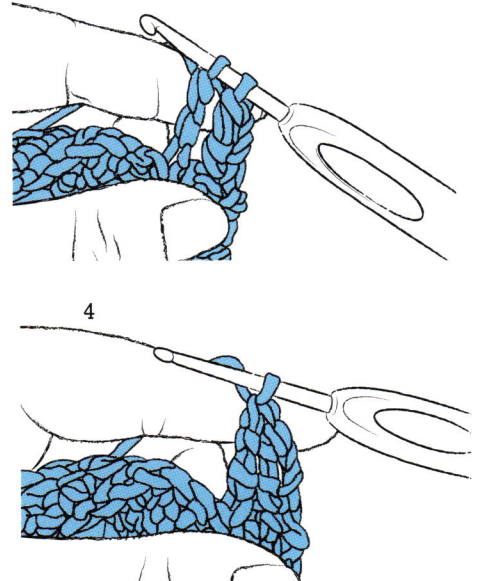

145

TRABAJAR EN HILERAS

Al tejer en hileras, debe hacer cadenetas de vuelta al principio de cada una; la cantidad de cadenetas depende del tipo de punto que se trabajará. En una hilera de puntos bajos, tendrá que tejer una cadeneta al principio, tal como verá indicado en el patrón.

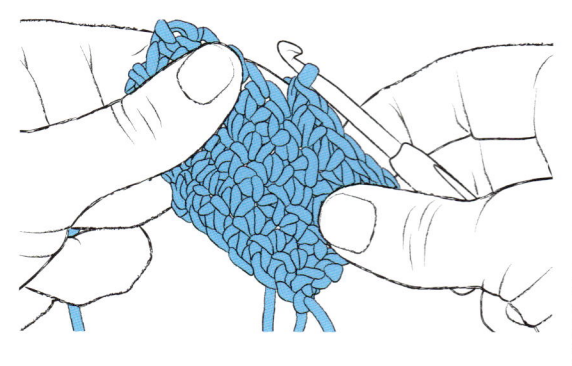

TRABAJAR EN REDONDO

Una característica maravillosa del ganchillo es que no hay que trabajar siempre en hileras; también puede tejer en redondo. Muchos de los patrones de este libro se hacen tejiendo vueltas en espiral seguidas, sin necesidad de hacer puntos rasos de unión ni cadenetas de vuelta.

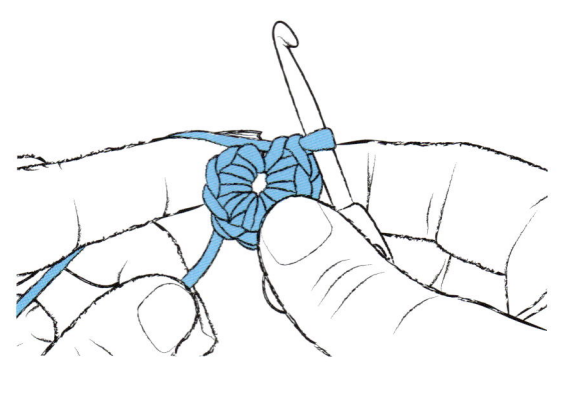

TRABAJAR EN ESPIRAL

La mayoría de los patrones de este libro se tejen en espiral comenzando con un anillo mágico. Se trabajan siguiendo el método de los amigurumis, que consiste en tejer formando una espiral continuada, sin puntos rasos de unión o cadenetas de vuelta. De este modo, se obtienen piezas cilíndricas sin costuras.

Para saber dónde comienza cada vuelta, es recomendable colocar un marcador de puntos al inicio de cada una.

ANILLO MÁGICO

El modo más habitual de empezar una labor
de estilo amigurumi es con un anillo mágico.
Además de ser una manera pulcra de comenzar
una pieza circular, se evita el agujero que de
otro modo queda visible en el centro. Los anillos
mágicos suelen hacerse con puntos bajos, ya que
crean un tejido bien tupido.

1   Empiece haciendo un nudo corredizo básico.
    Tire del bucle y agárrelo con el ganchillo.

2   Antes de ceñir el anillo, eche hebra sobre la
    aguja (por fuera del anillo) y sáquela para
    hacer la primera cadeneta.

3   Introduzca el ganchillo en el anillo, eche
    hebra y sáquela a través del anillo. Debería
    tener dos lazadas en la aguja.

4   Vuelva a echar hebra (por fuera del anillo) y
    sáquela por las dos lazadas.

5   Ya tiene hecho el primer punto bajo.

6   Siga trabajando del mismo modo para tejer
    la cantidad de puntos bajos que indican
    las instrucciones del patrón. Tire del cabo
    para cerrar el anillo y luego siga tejiendo en
    redondo del modo habitual.

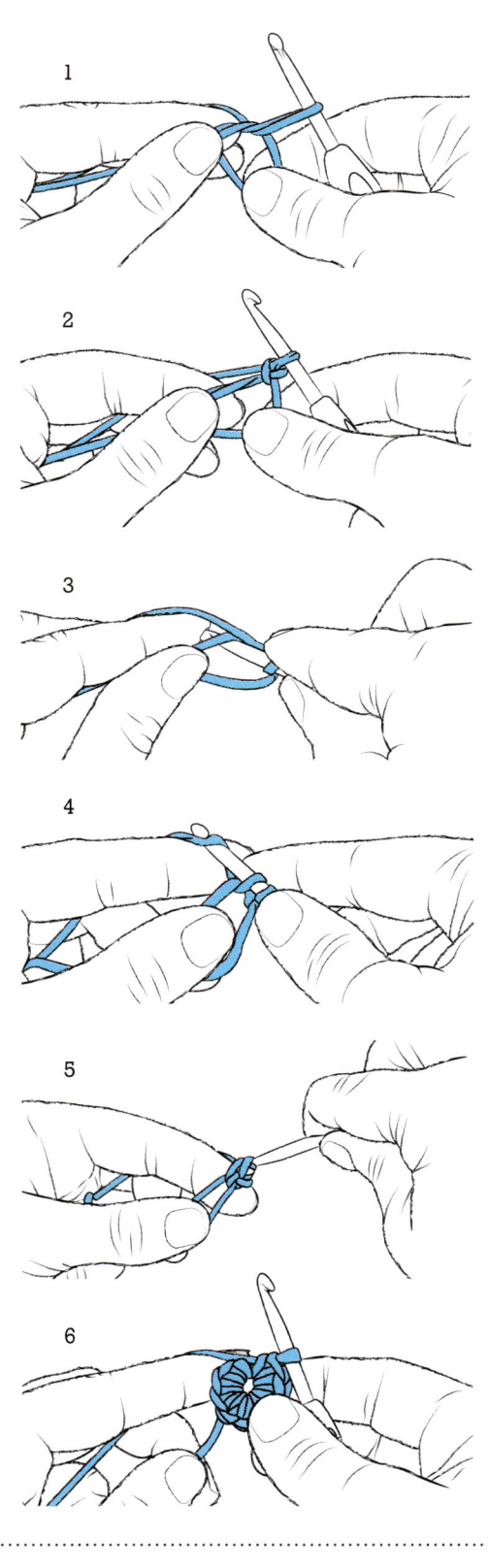

DISMINUCIONES (2 P. B. JUN.)

1   Introduzca el ganchillo en el punto
    siguiente, saque una lazada, introduzca
    el ganchillo en el punto siguiente y
    saque otra lazada.

2   Eche hebra y sáquela por las tres
    lazadas de la aguja.

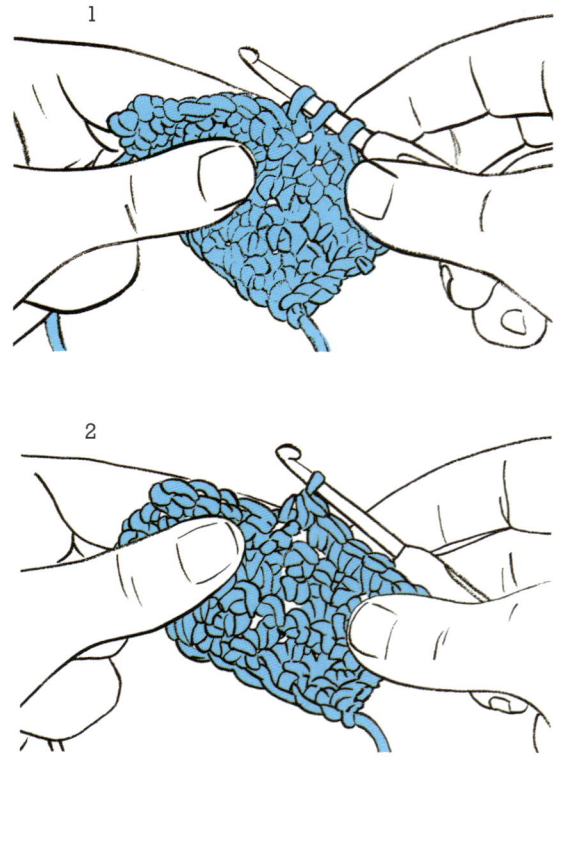

AUMENTOS

Teja un punto del modo habitual y,
después, haga otro en el mismo punto
de la hilera anterior.

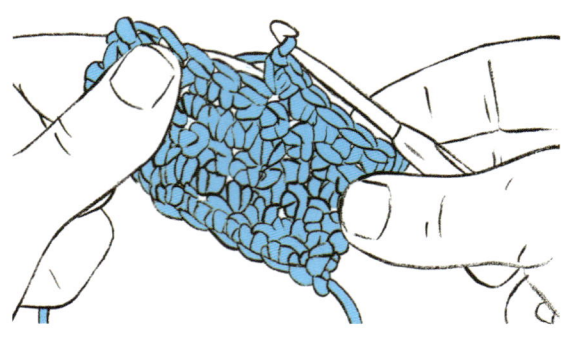

PIÑA DE 3 P. M. A.

La fucsia (página 64) y la campanilla de invierno (página 108) incluyen esta piña, que se teje uniendo varias lazadas con un punto raso.

1 Eche hebra sobre la aguja e introduzca el ganchillo en el punto siguiente.

2 Eche hebra, sáquela y alárguela hasta que alcance la altura de dos cadenetas.

3 Repita los pasos dos veces en el mismo punto. Tiene 7 laz. en la aguja. Eche hebra y sáquela por todas las lazadas. Teja una cadeneta para asegurar la piña.

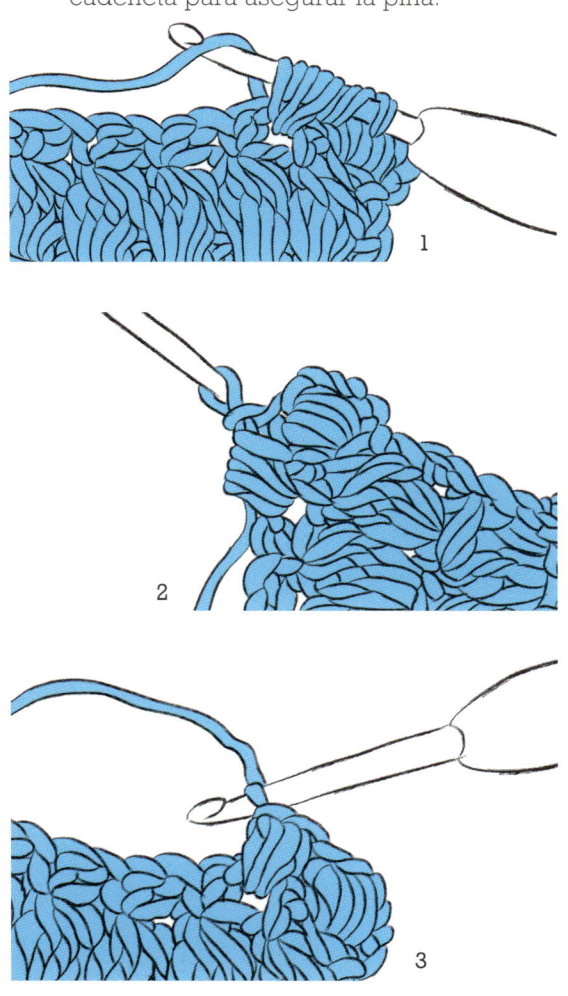

TRABAJAR SOLO EN LA LAZADA TRASERA

Normalmente los puntos se tejen pasando el ganchillo por debajo de las dos lazadas superiores de un punto. Puede crear un efecto diferente trabajándolos solo en la lazada trasera (abreviatura: laz. tras.) de los puntos de la vuelta o hilera. Esto crea una cresta o un cordoncillo horizontal en la hilera. He utilizado esta técnica en varios proyectos de este libro, como la anémona (página 16), la fucsia (página 64) y el eléboro (página 72).

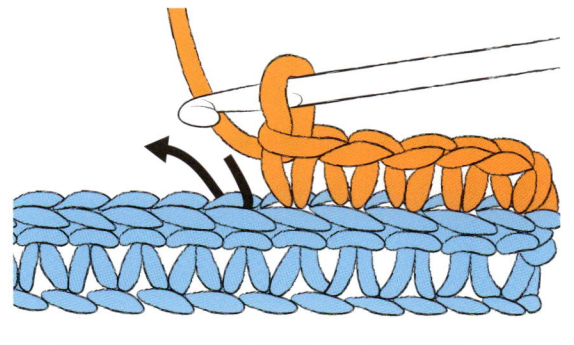

PUNTOS BAJOS CRUZADOS
(2 P. B. CRUZADOS)

Esta técnica se utiliza para crear el centro del girasol (página 116).

1   Introduzca el ganchillo en el punto,
    eche hebra por debajo de la aguja y
    sáquela a través del punto. Debería
    tener dos lazadas en la aguja.

2   Eche hebra sobre la aguja y sáquela
    por las dos lazadas del ganchillo.
    Debería tener una lazada en la aguja.

TEJER CADENETAS ALREDEDOR DEL ALAMBRE

En varios proyectos del libro se integra un trozo de alambre en la labor para reforzar la estructura de las hojas de la flor, como en la amapola de Islandia (página 80). Esto evita que la pieza pierda la forma y permite manipularla una vez completada para darle un aspecto más natural.

1   Haga un nudo corredizo. Sujete el alambre con la mano en la que tiene el hilo, ponga el hilo debajo del alambre y el ganchillo encima, eche hebra y sáquela por el nudo corredizo.

2   Ponga el ganchillo debajo del alambre y eche hebra.

3   Alargue la lazada, ponga el ganchillo encima del alambre y eche hebra.

4   Sáquela por las dos lazadas de la aguja.

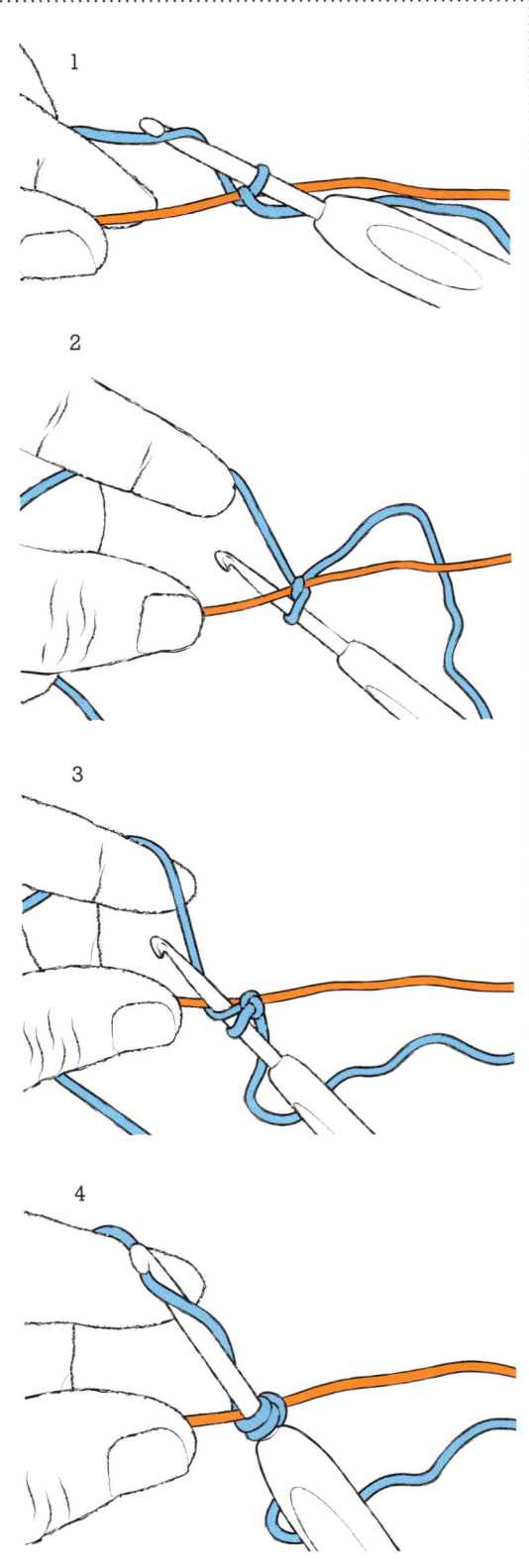

Acabar la labor

Esta sección le enseñará a terminar su proyecto de manera que quede robusto y duradero, además de añadir bonitos detalles.

SOBREHILADO

Puede unir dos piezas con un sobrehilado. Haga un nudo en el extremo del hilo. Lleve la aguja de coser al derecho de una pieza atravesando el tejido y junte ambas piezas revés contra revés. Pase la aguja a través de la pieza trasera y luego la delantera, y repítalo a intervalos regulares a lo largo de todo el borde. Le quedará una hilera de pequeñas puntadas a lo largo del borde de los tejidos que mantendrá unidas ambas piezas.

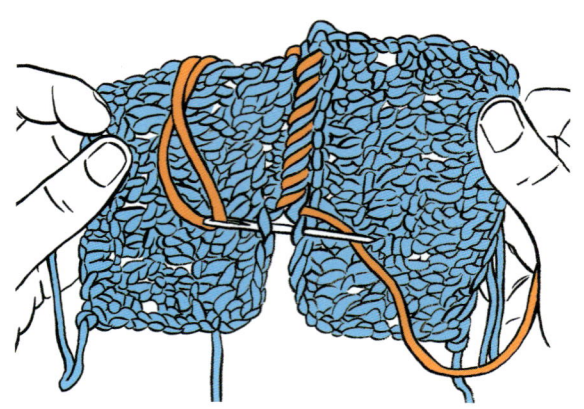

UNIÓN A PUNTO RASO

Junte las dos piezas de ganchillo revés contra revés. Introduzca el ganchillo en ambas piezas empezando por el inicio de la unión, eche hebra, sáquela a través de los tejidos y luego por la lazada de la aguja. Teja una hilera de puntos rasos atravesando ambas piezas a la vez con el ganchillo.

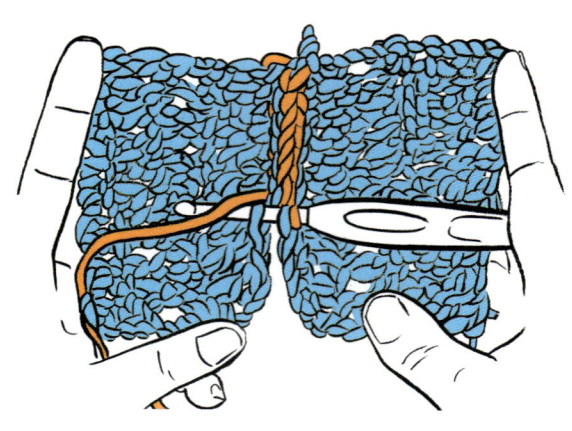

UNIÓN A PUNTO BAJO

Se hace como la unión a punto raso pero
tejiendo puntos bajos en lugar de rasos.
Si la labor tiene esquinas, teja tres puntos
en cada una.

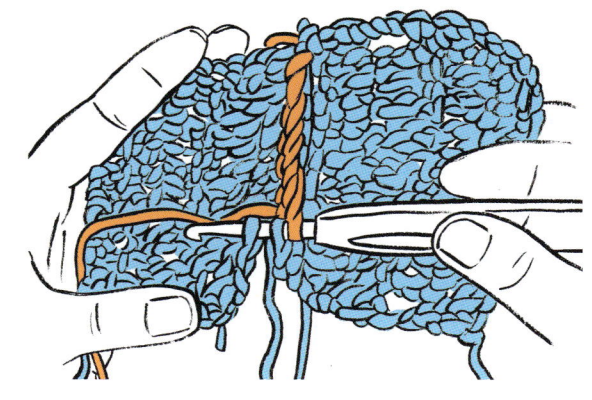

ESCONDER LOS CABOS SUELTOS

Cuando remate la labor, intente dejar un
cabo de unos 20 cm. Seguramente podrá
esconderlo en la hilera siguiente. Yo
siempre me aseguro de entretejer los hilos
hacia atrás y hacia delante tres veces.

1   Ensarte el hilo en una aguja de tapicería
    y escóndalo por el revés del proyecto.
    Para ello, páselo entre los puntos hacia
    una dirección y luego hacia la opuesta.

2   Pase la aguja por detrás del primer
    cordoncillo de puntos a lo largo de
    5 cm como mínimo. Corte el hilo cerca
    del tejido.

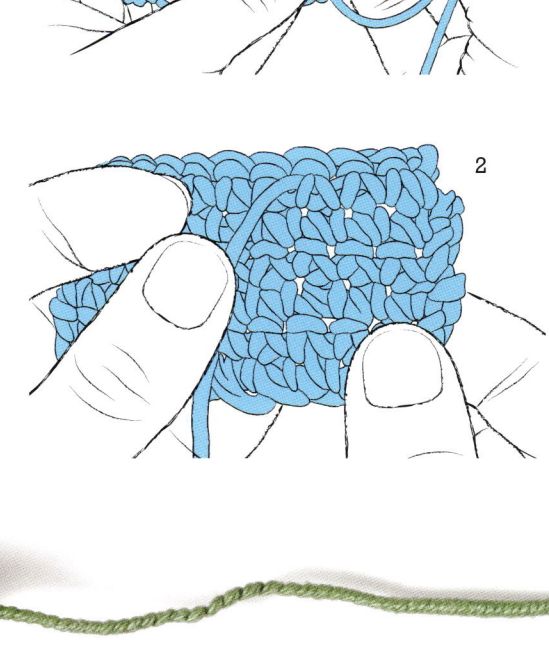

NUDO FRANCÉS

Los nudos franceses son perfectos para decorar un tejido con topitos. Los he usado en varios proyectos, como la rosa silvestre (página 56), el narciso (página 40) y la prímula (página 20).

1 Atraviese el tejido con la aguja de coser para llevarla al derecho de la labor y enrolle el hilo tres veces a su alrededor.

2 Vuelva a introducir la aguja en el tejido muy cerca del sitio por el que ha salido.

1

2

HACER UN POMPÓN CON UN TENEDOR

Me encanta utilizar la máquina de hacer pompones. No obstante, los proyectos de este libro (por ejemplo, la siempreviva de la página 112 y el cardo de la 124) requieren un pompón más fino y plano. La mejor manera de hacer estas flores es con un tenedor de postre.

1 Corte un trozo de hilo de unos 30 cm y colóquelo al lado de las púas.

2 Enrolle el hilo alrededor del tenedor unas 15 veces.

3 Anude el trozo de hilo que ha colocado al lado de las púas.

4 Corte los bucles por el otro lado del tenedor.

5 Recorte los hilos para crear un pompón plano.

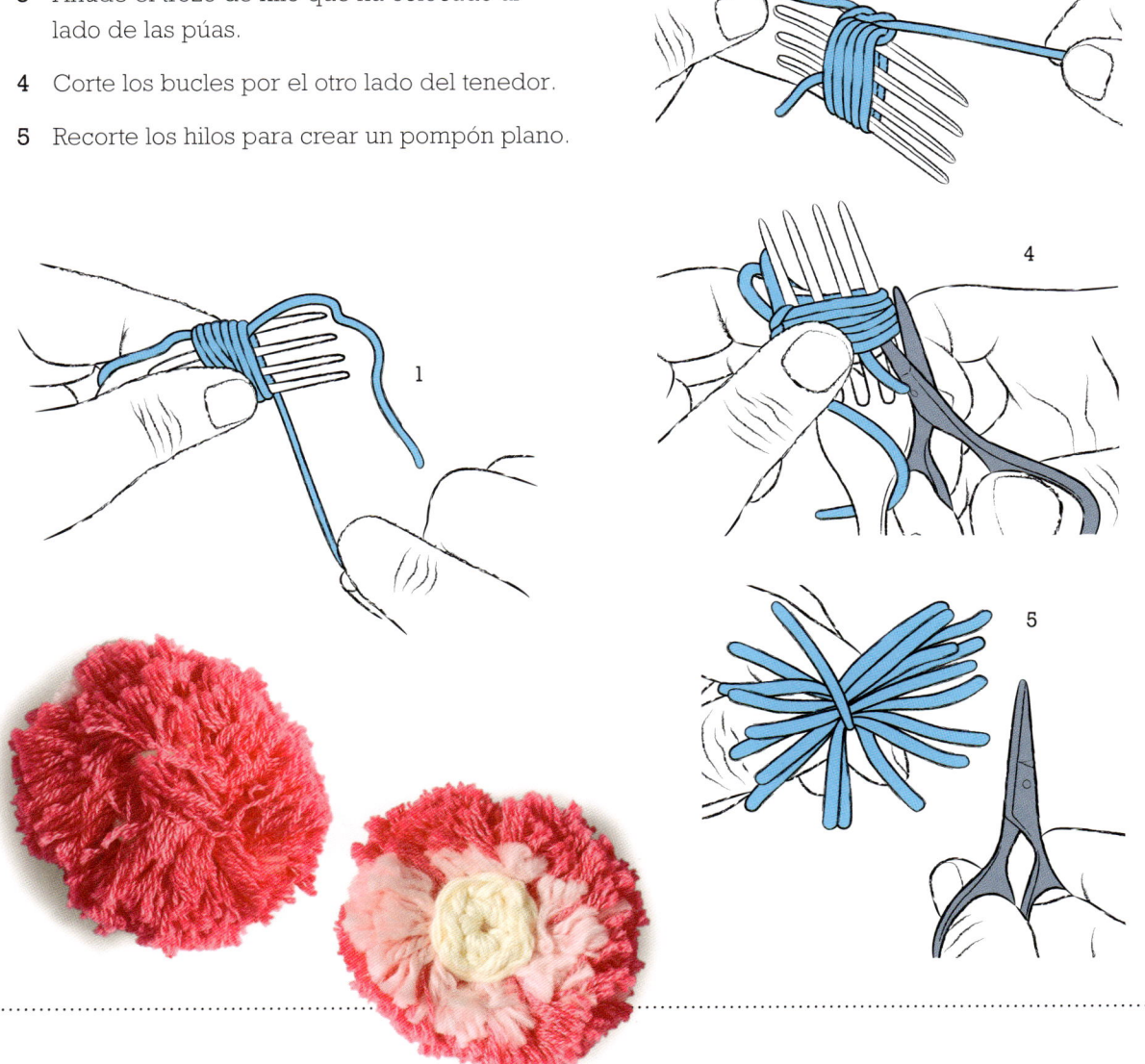

Dónde y cómo colocar las flores

He colocado mis flores de ganchillo en muchos sitios diferentes. Las he utilizado para decorar camisetas y sombreros, y también para crear preciosas coronas de flores variadas.

Junto con mis plantas y cactus de ganchillo, dan vida a las habitaciones de mi hogar. ¿Qué le parece confeccionar una corona estacional con flores hechas con sus propias manos? En el libro hemos mostrado muchas maneras de disponer las flores. La más sencilla consiste en añadirles un tallo recubriendo una brocheta o un alambre con hilo verde. Para ello, teja alrededor del alambre o la brocheta, o simplemente enrolle el hilo a su alrededor, hasta cubrirlos por completo, y luego fije los extremos con un poco de pegamento. Si ha tejido varias flores, puede colocarlas entre follaje de verdad o crear un ramo con ellas. La única instrucción importante es que mantenga las flores de ganchillo lejos del agua, ya sea de un jarrón o de la lluvia. Los pétalos durarán más tiempo si los mantiene secos. Lo principal es que disfrute de sus flores y pueda mostrarlas con orgullo.

Recursos

La lista siguiente contiene proveedores de hilos y webs con inspiradoras ideas creativas.

REINO UNIDO
Black Sheep Wools
blacksheepwools.com

Fred Aldous
fredaldous.co.uk

Hobbycraft
hobbycraft.co.uk

John Lewis
johnlewis.com

Stylecraft
Stylecraft-yarns.co.uk

ESTADOS UNIDOS
A.C. Moore
acmoore.com

America's Knitting
americasknitting.com

Hobby Lobby
hobbylobby.com

Knitting Garden
knittinggarden.org

Michaels
michaels.com

Webs
yarn.com

WEBS Y BLOGS INSPIRADORES

Flores bonitas y fotos maravillosas:
Sarahraven.com

Una preciosa florista:
willowcrossley.com

Magníficas ideas inspiradoras para hacer coronas de flores:
uflo.co.uk

Busque también inspiración en Etsy.com y pinterest.co.uk

Agradecimientos

Estoy sorprendida a la par que encantada de que tanta gente haya disfrutado tejiendo las plantas de mis dos libros anteriores. De hecho, para algunos ha sido la puerta de entrada al increíble mundo del ganchillo, el inicio de una fabulosa obsesión creativa que dura toda la vida. Incluso he visto tejer algunas de mis plantas a algunas actrices de Hollywood. ¿Quién lo habría imaginado?

Gran parte del placer que he sentido al crear estos patrones lo he compartido con el maravilloso equipo de GMC. Trabajan con pasión y dedicación para asegurar que sus libros de trabajos manuales sean los mejores, así que me considero afortunada por poder colaborar con ellos. Un agradecimiento a Sara, mi editora, y a Jonathan Bailey, el responsable editorial que ha confiado en mis propuestas de proyectos. También al maravilloso fotógrafo Andrew Perris, a la estilista Anna Stevens y a Jane Lanaway, por el diseño general. Gracias asimismo a Jude Roust, por su gran trabajo al comprobar los patrones.

Quisiera mencionar la fuente de inspiración que ha sido para mí la jardinera Sarah Raven. Sus libros me han regalado muchos momentos de felicidad. Otra persona que me ha inspirado mucho es Georgie, de Common Farm Flowers, probablemente la floricultora más entretenida jamás vista. Gracias también a Brenda, la propietaria del Bud Garden Centre: su pequeño vivero es una bella y tentadora fuente inspiración.

Adoro y disfruto del apoyo y de los ánimos que me siguen brindando mis habilidosas grandes amigas Lucy (Attic 24) y Christine (Winwick Mum). Sois la alegría de mi corazón.

Me siento agradecida de tener una familia que se ríe y se emociona conmigo por las locuras que creo. Benjamin y Robert, os quiero.

Índice

Para mi madrastra, Tinks, la flor más bella

Título original: *Crocheted Flowers*

© 2026 Librero b.v. (edición española)
Hambakenwetering 8B, 5231 DC 's-Hertogenbosch, Países Bajos
www.librero.nl

Texto © Emma Varnam, 2024
Copyright de la obra © GMC Publications Ltd, 2024

RESPONSABLE EDITORIAL Jonathan Bailey
PRODUCCIÓN Jim Bulley
COORDINADORA EDITORIAL SÉNIOR Sara Harper
EDICIÓN Nicola Hodgson
COMPROBACIÓN DE PATRONES Jude Roust
DISEÑO JC Lanaway
FOTOGRAFÍA Andrew Perris
ESTILISMO Anna Stevens
ILUSTRACIONES Martin Woodward

Producción de la edición española:
Traducción: Míriam Torras para Delivering iBooks & Design
Redacción y maquetación: Delivering iBooks & Design, Barcelona

Distribución exclusiva de
la edición española:
Librero IBP S. L.
C/ Paseo de los Olmos, n.º 20
Planta 1.ª, oficina 7
28005 Madrid, España
www.librero-ibp.es

Printed in Guangzhou,
China GGDP012026
ISBN: 978-94-6499-248-9